和秋叶一起学

秋叶团队————

编著

高效阅读

Easy!!

很简单

人民邮电出版社

北京

图书在版编目（ＣＩＰ）数据

高效阅读很简单 / 秋叶团队编著. -- 北京：人民
邮电出版社，2022.7
ISBN 978-7-115-58997-2

Ⅰ．①高… Ⅱ．①秋… Ⅲ．①读书方法 Ⅳ.
①G792

中国版本图书馆CIP数据核字(2022)第048969号

内 容 提 要

在职场中，阅读能力强、阅读量大的人，会在无形中积累竞争优势。这是一本写给职场人士的高效阅读方法书，书中直面多数人阅读时遇到的障碍与问题，陈述了阅读的重要性，并用可复制的案例、可操作的方法，通俗易懂地讲述了克服阅读障碍、快速高效阅读的种种途径。本书内容分为 6 章，分别介绍了如何消除阅读困惑和重新认识阅读、如何培养阅读习惯、如何高效读懂一本书、如何快速读完一本书、如何在阅读时保持专注以及如何将阅读变现。

本书案例丰富，语言通俗易懂，适合大多数职场人士阅读，尤其适合忙碌又有阅读需求的人阅读。

◆ 编　　著　秋叶团队
　　责任编辑　贾鸿飞
　　责任印制　王　郁　胡　南
◆ 人民邮电出版社出版发行　　北京市丰台区成寿寺路 11 号
　　邮编　100164　　电子邮件　315@ptpress.com.cn
　　网址　https://www.ptpress.com.cn
　　三河市中晟雅豪印务有限公司印刷
◆ 开本：880×1230　1/32
　　印张：5.375　　　　　　　2022 年 7 月第 1 版
　　字数：88 千字　　　　　　2022 年 7 月河北第 1 次印刷

定价：39.90 元

读者服务热线：(010)81055410　印装质量热线：(010)81055316
反盗版热线：(010)81055315
广告经营许可证：京东市监广登字 20170147 号

2020 年新型冠状病毒肺炎疫情期间，武汉方舱医院的一位"读书哥"因为一张在病床上读书的照片而走红网络，这让人想起英国著名作家毛姆所说的"阅读是一座随身携带的避难所"。

关于阅读，著名作家林语堂说："那个没有养成读书习惯的人，以时间和空间而言，是受着他眼前的世界所禁锢的。"

因此，从精神层面来说，**阅读可以带给我们超越世俗的力量、超脱眼前世界的见识。**这也是为什么有教育专家说，从某种程度上看，一个人的精神发育史就是他的阅读史。

再从实用性层面来说，书籍是人类智慧的结晶，是人类进步的阶梯。很多实用型图书能在我们探索世界的时候，帮助我们认识工具、学习技能。比如我们在工作或生活中需要用到一些写作技能，那么我们可以阅读教人写作方法的书。

说阅读是人类的天性，其实并不为过。呱呱坠地后，我们就在亲子阅读中锻炼了想象力、思考力等各种能力；从会认字开始，我们就徜徉在自主阅读的海洋中，像一块海绵一样吸收着所看过的每个字、每句话。

然而长大后，我们却发现自己在阅读上遇到越来越多的问题，比如不爱读、读不懂、容易走神、读得慢……"阅读"成了一门学问，需要我们一一解决上面所说的这些问题。**阅读如果不讲究方法，最后可能就成了白读**，不但增加了大脑的负荷，让自己胡思乱想，还造成好学的假象，以至于错过其他的学习机会，得不偿失。

本书从重新认识阅读、培养阅读习惯、高效读懂一本书、快速读完一本书、在阅读时保持专注、实现阅读变现等 6 个方面解答大家在阅读过程中遇到的问题，语言通俗易懂，给出的方法可操作性强。无论是在家中伏案，还是在地铁上、咖啡馆里，我们都可以拿起本书，然后从这一刻开始，重新认识阅读、爱上阅读、学会阅读。

我们有太多方式可以提升自我，但阅读无疑是性价比较高的一种。让我们从阅读本书开始，让阅读像呼吸一样，成为生活中一件自然而然的事情。

此外，阅读与时间管理、写作息息相关，如果你仍对时间管理能力或写作能力的提高感到困惑，那么推荐你阅读同系列书《时间管理很简单》《职场写作很简单》。

目录

▶ 第1章　消除阅读困惑，
　　　　重新认识阅读

ONE

俗话说：不破不立，破而后立。阅读这件事，很多人从小就开始做了，只是每个人的阅读习惯不一样。要想养成良好的阅读习惯、提高阅读效率，首先要改掉旧观念、旧习惯，然后才能建立新的观念和习惯。

关于阅读，很多人存在困惑，所以只有重新认识阅读，才能真正做好阅读这件事。

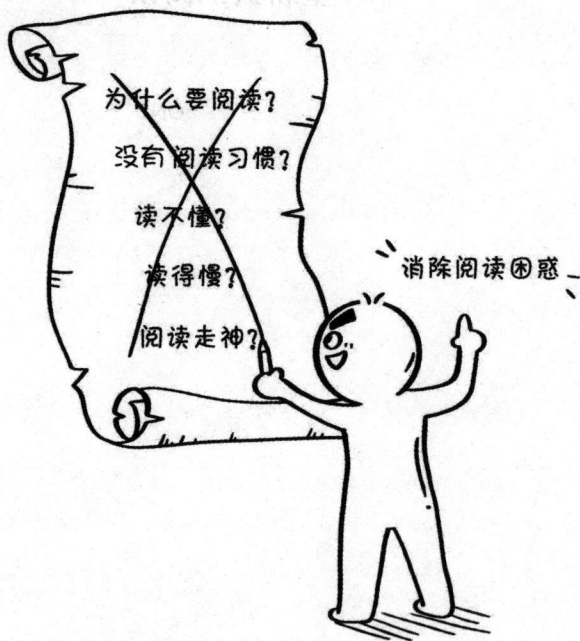

为什么要阅读？

没有阅读习惯？

读不懂？

读得慢？

阅读走神？

消除阅读困惑

1.1　重塑阅读习惯，或许就是重塑人生

主持人白岩松在谈"我们为什么需要阅读"的时候说："最大的危害不是人们不看书，是过度被资讯俘虏，这个更可怕。"

诚然，随着互联网技术的迅速发展，我们早已生活在一个"信息爆炸"的社会，几乎随时随地都可以通过小小的手机获取海量信息，更不用说各种 App 拥有日益完善的智能算法，它们一步一步将我们拉入各种资讯的深渊。

有人认为阅读只是获取知识的一种方式，而通过各种资讯 App 或浏览器也能获取各种知识，甚至更方便、更轻松，那为什么还要阅读呢？

1. 进一步开发大脑功能，提升思考力

认知神经科学家斯坦尼斯拉斯·迪昂（Stanislas Dehaene）在他的著作《脑与阅读》中谈到了阅读对大脑的作用：从脑科学的角度来说，阅读文字，继而理解其内容，

对大脑来说是一个非常复杂的运算过程，比看图片和影像更复杂、曲折，对开发大脑的思考功能大有裨益。

短视频的发展让越来越多的人减少了文字阅读量，有的人甚至连图文都不愿意看了，养成阅读文字的习惯似乎愈发难了。

有时候我们下决心想好好读一本书，结果发现明明每个字都认识，却看不懂，看不进去。部分原因是我们长时间看短视频、看剧，导致大脑中用于阅读的回路长时间断开联结，变得对阅读生疏。就像机器长时间不用会生锈一样，通过阅读文字建立的神经元联结一旦长时间不启用，也会对阅读失去反应。

世界著名的投资人沃伦·巴菲特（Warren E. Buffett）说他的工作就是阅读，90 余岁高龄的他依旧头脑清醒，活跃在风云万变的投资界。

阅读，任何时候开始都不晚。即使很长时间都没有阅读，也可以通过逐步培养阅读习惯来让大脑建立新的神经元联结。

2.　系统性阅读，培养系统化思维

系统性阅读和碎片化阅读是两种截然不同的阅读方式，其效果也不同。

碎片化阅读简单理解就是因时间的碎片化而阅读碎片化的信息。碎片化阅读常常会带给我们深度学习的假象，但其实阅读的碎片化内容我们常常来不及思考就被其他新信息淹没了。

想想近代乃至古代的各领域大家们，他们获取信息的难度比我们大多了，然而他们仍成就卓著。和他们相比，我们知道的信息看似更多，但是深度远远不够，而且我们缺乏系统性阅读和系统化思维。

相比碎片化阅读，深入、完整地阅读一本书，即系统性阅读会带给我们更多好处。

第一，我们由此获得的知识是系统的，而非零散的。

第二，系统性阅读会让我们投入一定的时间去思考，使新知识和旧知识建立起一定的联系，从而培养我们的系统化思维，这对处理复杂任务有极大的帮助。

第三，能让我们避免被"信息洪流"淹没。

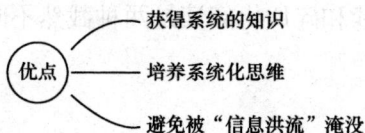

获得系统的知识

优点 —— 培养系统化思维

避免被"信息洪流"淹没

从长期来看，培养系统性阅读的习惯是百利而无一害的。停止被动地吸取知识，培养系统化思维，有助于更加牢固地掌握所学的知识，从而使我们的工作和生活从中受益。

3. 独立思考，培养批判性思维

阅读一本书的时候，我们能真正读懂作者所表达的意思，并延伸出自己的思考吗？

读懂一本书是基础，能用批判性思维去思考一本书的内容，用自己的知识去质疑作者传达的知识，从而将作者的观点加工转化成自己的，才是真正有效的阅读。

如果一味地吸纳作者的观点、知识，我们就会像一个容器一样，装的永远都是他人的观点，无法将知识转化成自己思想的养分，并且也很难在已有知识的基础上有所创新。

小时候，我们基本无法进行独立思考，只能被动吸收作者的观点、知识。但是长大后，我们就需要学会独立思考，不仅要理解作者的观点，还要树立自己的观点，"填充"自己的世界观。

阅读时独立思考，能让我们阅读的价值最大化，提升我们的理解力和阅读效率，还能培养我们的批判性思维。这种思维有助于我们批判性地思考所有问题，拥有清晰的思维。

独立思考是学习某个领域的知识时，从新手到专家的必经之路。

日本知名经济杂志 *PRESIDENT* 做过一个关于读书的调查，结果显示：人们的收入越高，其读书的时间越长。数据显示，年收入为 500 万～ 900 万日元（约 28 万～ 50 万元人民币）的人每天仅阅读 5 ～ 30 分钟；而年收入高于 1500 万日元（约 84 万元人民币）的人，每天平均阅读 30 分钟以上。

阅读的意义绝不是一两句话能说得清的，但可以肯定的是，阅读对我们的人生影响极其深远。

微软创始人比尔·盖茨、百度创始人李彦宏、海尔创始人张瑞敏、主持人董卿等各行业精英都有长期阅读的习惯。许多优秀的人，其实就在你看不见的地方不断地通过阅读来提升自己，而不阅读的人已经在慢慢和他们拉开距离。

从某种程度上说，阅读习惯决定了一个人的人生层次。

从现在开始培养阅读习惯，或许就是在重塑我们的人生。

1.2　没有阅读习惯？不是因为你不爱阅读

有一个奇怪的现象：大家似乎都知道阅读很重要，但是大家也都有这样或那样的理由不去阅读，有的人直接下结论说自己不爱阅读。

其实并不是这样的，很多人没有阅读习惯，并不是不爱阅读，而可能是因为觉得阅读难，于是就知难而退了。

如果拿一本厚厚的《三国演义》给一个7岁的孩子看，他大概率会因为阅读困难而放弃，而且阅读积极性还会遭

到打击。我国著名作家冰心回忆自己小时候培养阅读习惯
的经历时说，她舅父每天晚饭后都会给她讲半小时《三国
演义》，她每次都听得意犹未尽，于是主动去阅读原著，即
使有些字不认识，也能看懂大概情节，并且读得津津有味，
从此养成了阅读的习惯。

畏难情绪会抑制大脑的活跃性，使人逃避阅读；正向
情绪则能促使大脑活跃，进而使人主动阅读。就像冰心小
时候听舅父讲书一样，听舅父讲《三国演义》使她精神愉
悦，她才有主动阅读的举动。

也许，在我们成长的过程中，有些阅读经历让我们感
到不愉快，从而导致我们从内心抵抗阅读，降低阅读量使
得大脑阅读的神经元联结长时间断开。但研究发现，无论
处于什么年纪，只要方法得当，我们关于阅读的神经元都
可以通过锻炼再次建立联结，重新养成阅读习惯。

要想消除对阅读的畏难情绪、重新建立神经元联结，
我们要重塑对阅读的看法。

法国当代作家达尼埃尔·佩纳克（Daniel Pennac）在其

作品《宛如一部小说》中提出了"读者权利十条",他所倡导的阅读观念正是治疗当代大多数人的"阅读困难"的良药:

一、不读的权利;

二、跳读的权利;

三、不读完的权利;

四、重读的权利;

五、读任何书的权利;

六、消遣的权利;

七、随处读书的权利;

八、随意选读的权利;

九、大声读出来的权利;

十、默读的权利。

为什么说这十条读者权利是治疗"阅读困难"的良药呢?因为这些权利让我们在面对阅读时,有足够的自由选择权,阅读中的难题都因此迎刃而解了。

第一条"不读的权利"看似没用，甚至有鼓励我们不阅读的嫌疑，但是这是真正爱上阅读必须有的一种心理。读和不读都是主动选择的，一本书放在面前，既可以选择读也可以选择不读。如果违背自己的意愿勉强去读，必定会产生逆反心理，导致阅读过程变得艰难。

第二条"跳读的权利"和第三条"不读完的权利"解决了"阅读方法困难"的问题。我们在阅读过程中可以不必从头到尾读完，跳过一些内容或者读一部分之后放弃阅读，都是可以的，这样我们就可以放心地翻开一本书阅读，哪怕读一句就不想读了，也不必心怀愧疚。

第四条"重读的权利"解决了"阅读理解困难"的问题。我们可以反复读一本书，因为读完一本书不是结束。阅读不是完成任务，一本书看完后觉得意犹未尽或者没看懂，完全可以选择再读一遍，就像读一本新书一样重读。

第五条"读任何书的权利"解决了"选书困难"的问题。很多人对阅读产生了一些误解，比如认为应该读有用的书、经典好书、畅销榜上的书……也有人认为读书不应该有目的性。其实，读书是自由的，既可以功利性地读书，也可以漫无目的地读书；既可以为了赚钱读书，也可以为了打发时间读书。

第六条"消遣的权利"解决了"读书目的困难"的问题。我们无论读什么书，都可以当作消遣，甚至不用深度思考，只需要以愉悦自己为目的。

第七条"随处读书的权利"解决了"读书环境困难"的问题。这很好理解，读书无须正襟危坐，也不用挑地方，只要我们愿意，在上厕所时、在床上、在地铁里都可以阅读。

第八条"随意选读的权利"和第五条一样都能解决"选书困难"的问题。我们可以随意选自己感兴趣的书或者书中感兴趣的部分来读，不用被"人生必读书""职场必读书"等宣传语绑架。

第九条"大声读出来的权利"和第十条"默读的权利"解决了"阅读方式不当"的问题。在不影响他人的情况下，我们可以读出声音，当然也可以默读。虽然很多书更适合视读，默读可能效率较低，但是作为读者，我们可以保留默读的权利。

　　总的来说，达尼埃尔·佩纳克提出的这些读者权利让很多读者的心灵得到解放，让他们不被书所困，可以选择适合自己的读法——这样阅读时才会感觉轻松，才更容易培养阅读的习惯。

　　我们阅读的时候不要有太多的负担，主动降低阅读难度，就能体会阅读给我们带来的乐趣，从而逐步克服"阅读困难"，爱上阅读。

　　如果平时的阅读量少，就可以从简单的书、"薄书"、感兴趣的书开始读，因为读完一本书会让我们的大脑分泌多巴胺，从而使我们感受到读书带来的快乐。这会激励我们继续读书，不断重复这个正向循环，逐渐养成终身阅读的习惯。

1.3　读不懂？不是所有内容都需要马上"读懂"

　　很多人会因为一件事难而不愿意去做，更愿意做简单的事，这就是"最小阻力原则"。

阅读同样如此，读晦涩难懂的书常常会因为读不懂而产生挫败感，大部分人更偏爱那些通俗易懂的书，因为它们读起来没有压力、更轻松。

1922 年，美国出版发行月刊《读者文摘》。因为该杂志题材广泛，语句通俗易懂，上市后被广泛传播，一度成为最畅销的杂志。该杂志在日本发行时，月销量甚至高达100 多万册，通常需要排队才能买到，轰动了当时的日本文化界。

该杂志如此受欢迎的最主要原因是，相比其他杂志，它的文章题材读起来轻松，文字简单，阅读时不需要反复思考，一看就懂。受此影响，大众传媒的文字风格逐渐发生变化，变得越来越浅显易懂，越来越迎合读者的兴趣。

大众传媒风格的读物因为易读懂，所以几乎人人都乐于读，而有些书读起来晦涩难懂，"读不懂"便成了阻碍我们阅读的一大难题。其实，读不懂很可能是选书不当。遇到读不懂的书，有时是可以放弃阅读的，有时不一定要立马读懂，读不懂可以放一段时间再读。

樊登老师讲过一段自己的阅读经历。他在二十几岁的时候学别人读《瓦尔登湖》，完全读不下去，直到 38 岁时，他重新再读，收获颇丰。可以发现，樊登老师当时读不下去的原因是这本书对当时的他来说有比较大的难度。

"读不懂"并不是一种固定的状态，现在读不懂，暂时放弃没关系，因为你现在的知识和信息储备可能还不足以使你理解这本书。等知识和阅历丰富以后，再回过头来读这本书，你也许就会发现，原来读不懂的书变得很好读懂了。

其实，很多书即使读不懂也会有收获。邓晓芒教授年少时用一年时间读了黑格尔的《小逻辑》，虽然没有读懂，但是他表示他当时还是有不少收获的。当然多年以后，在读了更多书之后，他再读《小逻辑》自然就读懂了。

有一些内容看起来深奥的好书，虽然超出了我们现有的知识储备水平，很多内容都看不懂，读完可能只记住了只言片语，但在阅读的过程中，那些文字会潜移默化地影响我们。就像有一句话说的："读书就像吃饭，虽然不记得吃过什么，但吃过的饭已经长成了我们的骨血和肉。"

选书一般可能出现以下两方面问题。

1. 受自身专业能力限制

如果阅读超出认知范围的书，肯定会面临读不懂的困难。比如读一本介绍机器学习的书，没有相关的数学知识积累，就需要查阅很多资料来理解这本书，要读完这样一本书肯定困难重重。

我们每个人的理解能力可以按领域分，如经济学、管理学、社会学、心理学、哲学等，即我们在自己的专业领域有足够的理解能力，而对非专业领域的图书的认知也许就会出现偏差。

所以我们需要通过阅读，均衡学习各领域的知识。

2. 受个人阅历限制

阅历可以理解为"阅读"和"经历"，即过往阅读的书和经历的事情构成了一个人的阅历。比如，阅读余华的《活着》，读者的阅历决定了他能从这本小说中看到的时代的样子，以及能体会到的生命力的顽强程度；阅读英国作家亚历克斯·麦克利兹（Alex Michaelides）的《沉默的病人》，如果读者恰好有类似的经历，可能在阅读时就会有更多共鸣；阅读国际知名心理治疗师苏珊·福沃德（Susan Forward）的《原生家庭》，那些读过心理学相关书籍的人，或者对原生家庭有一定了解的人可能对这本书的理解更深刻。

当人生的阅历足够多时，我们会发现曾经的世界观也许并不成熟，而曾经看不懂的东西如今能看懂了。要想轻松读懂有些书，我们不仅需要有一定的阅读量，还需要有一定的见识和人生经历。这样我们才能在这些书中看到"自己"，从而更好地理解书中的内容。

所以，读不懂，多半是因为我们选择了不适合自己的书，这时可以暂时放弃阅读，等到时机恰当的时候再拿出来阅读。当然，有些书虽然当时读不懂，但是如果确实想读或者不得不读，我们也可以采用一些方法来帮助阅读，后文会详细介绍这些阅读方法。

1.4 读得慢？不同阅读场景的速度要求不一样

说起阅读中会出现的问题，"读得慢"是很多人的痛点。他们读完一本书可能要花几个月时间，于是想用各种方法来加快自己的阅读速度，结果往往不尽如人意。

2019 年，一些培训机构推出了一项名为"量子波动速读"的培训项目，声称可训练孩子用 1 ～ 5 分钟阅读完一本 10 万字的书，并且把内容完整地复述出来。按照这种阅读速度，1 分钟读完《活着》、5 分钟读完《百年孤独》、10 分钟读完四大名著都不是事儿。

据说该培训课程收费 5 万～ 8 万元，价格并不低，但还是有些家长相信了其宣传，把孩子送去学习"量子波动速读"法。

显然，这种脱离实际的夸张宣传利用了人们"想要快速提高阅读速度"的心理，而当年那些推出"量子波动速读"项目的培训机构纷纷被取缔或关停了。

著名导演伍迪·艾伦（Woody Allen）曾讲过一件事情：

"我参加了一个快速阅读训练班，学会了如何在 20 分钟内读完《战争与和平》，不过我对此书唯一的印象是，这本书和俄国有关。"

大家都知道阅读很重要，但是"苦读书慢久矣"，所以才会病急乱投医，被这些宣传快速阅读的机构所蒙蔽，以为他们真的能帮自己或孩子提升阅读速度。

事实上，读得慢通常是多种原因导致的，要想解决这个问题，我们必须先找到影响自己阅读速度的因素。

1. 书的类型

阅读不同的书的速度本就是不同的，有的书轻松好懂，比如一些青春文学小说，可以快速翻页阅读；而有的书本身内容比较复杂，比如《呼啸山庄》里面的人物很多、关系复杂，读着读着可能就会忘了人物的名字，影响阅读流畅性，阅读速度自然就慢了。

常见的图书分类有经管、社科、人文等，这里我们基于自身需求将图书进行分类。不同类型的书，对阅读速度的要求也不一样。

（1）满足生存需求的书。

这类书是能帮我们寻求职业、工作、生活、生理、心理等方面现实问题的解决之道的书，可满足我们的生存需求。这类书可能更新换代快，我们可以通过挑选一些新内容阅读来加快阅读速度。

（2）满足思想需求的书。

这类书能让我们体会人类生命深处的共鸣，书的内容往往是伟大的思想结晶，能满足我们的思想需求。这类书可能读起来比较困难，慢一些没关系，慢读可能更适合理解、感悟书中的内容，这时候的"慢"是为了"快"。

（3）满足工具需求的书。

这类书是帮我们查找阅读过程中不认识的字词、典故，不理解的术语的工具书，比如字典和词典、各种专业手册等，是帮助我们更顺利地阅读的工具。这类书不必专门阅读，只在需要的时候查阅就行。

（4）满足休闲需求的书。

这类书是帮助我们达到娱乐和消遣目的的书，能满足我们的休闲需求。因为这类书内容轻松，我们可以通过浏览、略读的方式了解大概内容，阅读速度一般比较快。

可见，不是阅读所有书都要求快，有的书慢一点儿读，反而效率更高、收获更多。

2. 阅读习惯

阅读习惯大多是我们从小养成的，有些错误的习惯根深蒂固，会不知不觉地影响我们的阅读速度。

（1）默读。

小时候，我们在初识字时通常会习惯性地将字读出来，刚开始阅读时一般也会将书中内容念出来。随着年龄的增长，我们往往不会在阅读的时候发声，而是会默念文字。

这种方法对于校对编辑校对书稿来说是比较好的方式，他们在校对的时候通常不用把握整本书的主旨大意，采用默读方便找出错别字和语句错误。但是,"甲之蜜糖,乙之砒霜",这种方法并不利于把握书的整体内容,可能会使很多普通读者出现"见树不见林"的情况,不仅不能增进对内容的理解,还会严重影响阅读速度。

(2)严格地从头到尾阅读。

一般作者写书是按照自己的思路搭建框架的,如果我们按照其思路去阅读,有可能因认知水平存在差异导致阅读过程枯燥死板。如果挑出自己感兴趣的内容或者精华部分进行阅读,效果可能更好,而且速度也会更快。

提升阅读速度能让我们花更少的时间有效地读完一本书,但我们无须追求"量子波动速读"那种离谱的阅读速度。要想提升阅读速度,要遵循一些有科学依据的方法,具体内容参见后面的章节。

1.5 阅读走神? 很可能不是你的问题

上学时,上课容易走神;进入职场后,工作也会走神;阅读时,读着读着就开始神游,一行行字过眼不过脑,合上书什么都不记得。走神是很多人阅读时会出现的问题，也是最难解决的阅读难题之一。

一个在校研究生因为在宿舍看不进去论文，每看几个字就走神，一篇论文能看一整天，效率十分低。她很想集中注意力阅读，可是怎么都做不到，因此非常痛苦。她觉得自己可能有阅读障碍，于是在网上求助。

一个心理咨询师给她留言说："如果你有阅读障碍，是不可能考上研究生的。你可以从内外两方面来思考这种情况背后的原因，例如当时是否存在不安的情绪，外在环境或书对自己有什么影响？"

原来，同宿舍的另外 3 个室友当天一直在看综艺节目，并时不时高声讨论，她很想和她们一起看，导致无法专注阅读论文。

好不容易下定决心想好好阅读，却发现一读书就走神，似乎外界的任何东西都能分散我们的注意力。根据一些跟专注力相关的研究成果，可以将"走神"的原因归类为内外两方面，我们可据此改进。

1. 外部因素

一是阅读时所能看到的环境对我们的影响，比如桌面杂乱、屋内灯光昏暗、手机或平板电脑放在面前，这些因素都可能导致我们的注意力被分散。

二是阅读时所能听到的声音对我们的影响，比如手机的铃声或震动声响起时，我们就会忍不住去看，然后沉浸在手机的各种信息之中不能自拔。还有上述案例提到的其他人播放视频的声音，或者小孩在旁边玩闹的声音，都会转移人的注意力。

总之，尽量为自己创造一个安静的环境，这样更能专注于阅读。

2. 内部因素

一是阅读之前确认阅读目标，比如坚持读 20 分钟、读完一章内容、学会一种写作方法等。目标不论大小，因为有目标就会产生一定的阅读动力，激励我们坚持阅读。

二是我们要集中精力做一件事，就需要保持精力充沛。

阅读也是如此，如果因为没休息好而昏昏欲睡，那么再怎么盯着书看，大脑也会反抗，从而导致分神，看不进去。设置合理的休息时间也很重要，每看二三十分钟就休息一会儿，大脑更容易进入专注状态。

三是大脑形成了"分神"的习惯。每当接触新事物时，神经元上的突触就会形成新的联结，多次形成这种联结就会固化脑回路。我们之前每次阅读出现的分神，都会导致神经元的联结强化，要改变这种状况，必须培养新的神经元联结。用"阅读－专注"代替"阅读－分神"，一个有效的方法就是在阅读中意识到自己走神时，强行拉回自己的注意力继续阅读。这个过程可能有点儿漫长，但是坚持下去就会越来越容易了。

四是我们在阅读前没有安排好其他待办事项。有些事情既不紧急也不重要，但是因为没做完，还是会在阅读过程中干扰我们，使我们分心。大脑会优先关注一些未完成的任务，这就是著名的"蔡格尼克效应"。比如明明在阅读，脑中却想着下个月月初要交的项目计划没有完成，这就会导致阅读过程不断被这个想法打断。此时如果能安排好自己的时间，比如计划将第二天上午的时间用来做这个项目计划，那么我们就可以把这件事暂时从脑中排除，它也就不会再影响我们阅读了。

一阅读就走神，并不是因为我们自身不适合阅读，而是因为我们没有打理好"内在"和"外在"环境。对"专注技巧"的掌握，是现代人所面临的一大课题。每个人都想着：如果能在翻开书的一瞬间，立马进入专注状态，该多好呀！

我们在锻炼专注力时，可以利用神经元联结固化这一点，在阅读之前进行一些有"仪式感"的行为，每当出现这种行为，就是在暗示大脑要专注阅读了。比如摘抄一段喜欢的文字，然后开始阅读，长此以往，大脑就会固化这种神经元联结——在摘抄完后，我们就能迅速进入专注阅读状态。

歌德说："一个人不能骑两匹马，骑上这匹，就会丢掉那匹。聪明人会把分散精力的要求置之度外，只专心致志地去学一门，学一门就要把它学好。"

阅读也是同样的道理。

▶ 第2章　如何培养阅读习惯

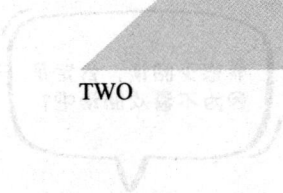

TWO

英国著名的数学家伊萨克·巴罗（Isaac Barrow）曾说：
"一个爱书的人，他必定不至于缺少一个忠实的朋友，一个
良好的老师，一个可爱的伴侣，一个温情的安慰者。"

阅读能带给我们无限的益处，然而培养阅读习惯之路
却并不是一帆风顺的。在成为终身读者的路上，一些小技
巧能让我们少走弯路，并学会享受阅读。

2.1　树立一个小目标，让阅读成为生活习惯

我们常说学习是"反人性"的，其实是因为动脑思考"反人性"。在人类发展初期，食物并不充足，而动脑思考会让人消耗更多的能量，这样就增大了被饿死的可能性。所以我们的本性是反抗思考的。

随着人类文明的发展，生产力水平的提高，人们对知识的需求越来越大，渐渐地，人们会通过阅读来获取知识，而阅读就避免不了动脑思考，但是由于基因会本能地对思考产生反抗，所以我们培养阅读习惯异常艰难。

然而，人也有趋利避害的本能。如果我们做了一件事，得到了正向反馈，下次就还会做这件事；如果收获的是负面反馈，则会抵触继续做这件事。所以，如果想要实现一个大目标，可以先将其拆解成一个个小目标，通过实现"小步子目标"给自己带来正向激励，从而促使自己实现大目标。

培养阅读习惯也是这样，从实现简单的目标开始，逐

渐提升目标难度，最终成为终身读者。

要想通过"小步子目标"实现大目标，我们就要有一个清晰的阅读目的。

有的人阅读是为了经世致用，有的人阅读是为了解答人生困惑，有的人阅读是想提升自己、改变命运，有的人阅读则是为了变现，还有不少人阅读只是娱乐消遣。

每一种目的都无可厚非，因为有这样一个清晰的阅读目的，才能在实现"小步子目标"的时候获得适当的正向反馈，从而激励下一个目标的实现。

和第 1 章中基于不同需求的图书分类一样，我们的阅读目的也可以分为 4 种。

（1）满足生存需求。

通过阅读这类书来提升工作能力、生活质量。我们常常面临着各方面能力不足的情况，于是会通过阅读来提升能力，比如沟通能力、写作能力、时间管理能力等；或者在生活中遇到了一些问题，会通过阅读解决，比如收纳整理问题、亲子关系问题等。

（2）满足思想需求。

通过阅读这类书增长见识，获得精神食粮。有的人看书只是想要开阔眼界、拓展思维，让自己的精神世界更加开阔丰盈。这类阅读可能无法立刻看到效果，而要经历一个积累沉淀的过程，比如阅读历史、文学、哲学等类型的书。

（3）满足工具需求。

通过阅读工具书，我们可以更好地理解一些不懂的内容。小时候遇到不认识的字词就会拿起字典翻查，后来学英语，又学会查英语词典，还会借助英语单词书背单词。不同领域也有相应的工具书，比如《装修常用数据手册》《中国鸟类观察手册》，可供我们在需要的时候进行查阅。

（4）满足休闲需求。

为了享受而进行阅读。当阅读已经成为生活中不可或缺的一部分，能给自己带来快乐，这时的阅读就成为一种享受，而不是一项任务。

阅读时不加选择也许更自由，但是有目的的阅读能让我们更高效。有目的的阅读可以让我们想象完成阅读的好处，比如阅读《亲密关系》一书，我们可以预想：读完这本书，我们对亲密关系的理解会更深，更懂得如何处理自己的亲密关系，从而可以减少亲密关系中的矛盾，使伴侣之间的争吵变少，让关系变得和谐舒适，这该是一件多么令人兴奋的事情！

这样预想结果之后，阅读该书的动力也会变强。

在清楚阅读目的的前提下，如何给自己制订"小目标"，让"培养阅读习惯"的最终目标更容易实现呢？

1. 由易到难

阅读应从易到难，因为先读简单的书，我们更容易在读完后获得满足感，从而激励我们阅读下一本。如果想要阅读理财相关的书，可以从入门级别的书开始读，比如《小狗钱钱》，然后可以读《富爸爸，穷爸爸》，紧接着读《财务自由之路》，最后进阶阅读《百万富翁快车道》等难度较大的书。

2. 由少到多

刚开始培养阅读习惯的时候，不必苛求自己一个月读好几本书，先从一本书开始读，一个月读一本，这样的目标比较容易实现。这样坚持一段时间，比如坚持一年后，再适当增加阅读量，比如一个月读一本半或两本，通过长期的坚持，我们每次完成月度小目标都会有一定的成就感，日积月累，读的书也会越来越多。

3. 由短时间到长时间

开始设立目标阅读时长时，每次阅读的时间不宜过长，如果对阅读的抵抗心理严重，甚至可以一次阅读 5 分钟，过几天后增加到 10 分钟，以此类推。同时应在轻松阅读的状态下慢慢增加时长，目标阅读时长太长的话，我们执行起来困难或者完不成目标，就会受挫，从而放弃阅读习惯的培养。

另外，学会利用碎片时间来阅读，更有利于阅读习惯的培养。

现代人的时间很宝贵，处理完工作和生活琐事之后剩不了多少，这样就显得散落在各种事项之间的碎片时间尤其宝贵。我们在排队、等车、午休期间，都可以掏出纸质书或者电子书进行阅读。

涓涓细流也能汇成大海，时间就是这样积少成多的。

当然，如果我们能挤出整块时间来阅读，阅读体验会更好。比如晚上睡觉前的时间，如果原来是用来玩游戏、浏览各种社交媒体信息的，那么可以从中拿出半小时到一小时的时间用来阅读。研究表明，睡前阅读能增强对内容的记忆，这时的思考力也更强，可以事半功倍。如果看困了，可以放下书就睡，这不失为一种助眠的好方法。

总之，善于制订一个个小的阅读目标，能让阅读变得更简单。这里介绍一些不错的阅读目标供读者参考。

（1）为了提升自己的时间管理能力，我要在这个月读完一本时间管理主题的书。

（2）每晚22:30放下手机开始阅读，读到自己困了就放下书去睡觉。

（3）每天在通勤路上阅读某款读书 App 书架上收藏已久的《半小时漫画中国史》。

（4）每个月至少看一本与职场能力提升相关的书。

（5）我对心理学很感兴趣，今年和明年一共要读 10 本这个领域的书。

（6）我即将备孕，生孩子之前至少读 6 本育儿类图书。

…………

2.2　通过 3 种途径，找到适合自己阅读的好书

日本作家芥川龙之介有一天突然好奇自己一生能阅读多少本书，他大概算了一下一辈子能用来阅读的时间，再用它除以阅读一本书的平均时长，算出了自己大概能读多少本书。

算完后，芥川龙之介忍不住大哭一场，因为他发现自己一生最多能读三四千本书，这个数量比起书的总量来说太小了，这让他内心产生了巨大的失落感。

我们一生的时间是有限的，能读的书也十分有限。**既**

然不能读完所有的书，我们就需要有选择地阅读。多读一些适合自己的书，人生的遗憾也会少一些吧。

关于选书，世界各地各行各业的不少名家有自己独特的见解。

爱因斯坦说："有的人只读报纸和当代作家的最佳作品，在我看来，这就像高度近视的人不屑于戴眼镜。"虽然每天都有新书出版，但是爱因斯坦认为我们有必要留一些时间看看经典作品，否则就会"完全被自己时代的偏见和潮流左右"。

古罗马哲学家小塞涅卡（Seneca）认为，在短时间内读书太杂会让自己无法长时间记住从书中获得的教益，花时间阅读少数几位伟大思想家的作品，才能让教益常留内心。

弗吉尼亚·伍尔芙（Virginia Woolf）更喜欢在二手书店选书、买书，她认为那里的书像斑驳的羽毛一样堆在一起，有摆放得中规中矩的书店和图书馆的书所没有的感觉。

英国小说家爱德华·鲍沃尔 - 李敦（Edward Bulwer-Lytton）是古典文学的忠实粉丝。他认为，读科学类的书，新书更好，但是读文学类的书，就要读最老的经典文学作品，因为经典文学作品永不过时，常读常新。

莫提默·J. 艾德勒（Mortimer J. Adler）在《如何阅读一本书》中说，应该选择作家认为有价值的书阅读。他认为伟大的作家都是博览群书的人，要想理解他们，就要读他们读过的书。

每个人都有自己的选书方法，别人的方法不一定适合自己，比如有的人只读自己喜欢的书，会导致获取的信息面过窄，多样性不足。

选书是一项技术活，国内还有选书师这种职业，不过他们主要是为独立书店选书，具有一定的个人风格。

在这么多的书中，我们如何找出那些值得一读的好书呢？

1. 需求兴趣结合法

现阶段自己的需求有哪些，自己的兴趣领域是什么，根据这两点来总结关键词。

比如，自己的工作是新媒体运营，可能就需要阅读新媒体相关的书来提升自己的专业能力和工作技能；如果自己对世界历史感兴趣，那么关键词就可以是"欧洲史""美洲史"等。

　　有了关键词后就可以利用检索工具去查找书目了。比较推荐的是豆瓣App，在豆瓣"读书"界面不仅可以"分类找图书"，还可以通过"输入你想找的词"来进行查找，查找结果可以分别按照"热度""评分""时间"进行排序，如下列图所示。

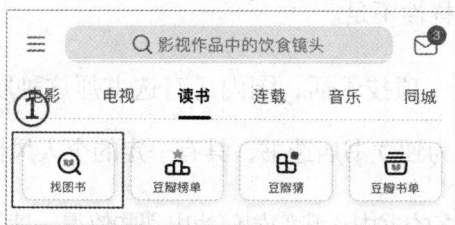

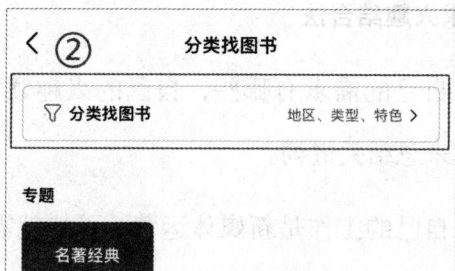

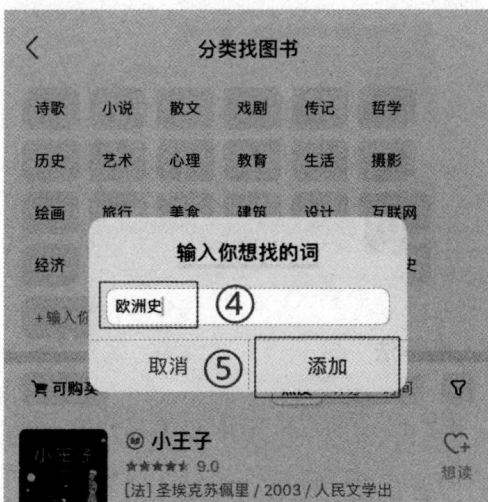

2. 他人推荐法

首先，我们已经读过的书中可能会推荐一些书，或者自己喜欢的作者会在一些公共采访中进行推荐，这些都可以作为我们的备选书。

其次，平时可以关注一些书评人或者阅读推广人，通过看他们的书评来判断一本图书是否适合自己阅读。根据这些信息选书，可以节省时间和精力。

最后，可以参考专业人士的推荐，找各个领域的专家、名人推荐书单上的书作为自己的阅读对象。比如在投资理财领域，我们可以参考沃伦·巴菲特的书单；在文学领域，我们可以参考露易丝·格丽克（Louise Glück）的书单；在创业领域，我们可以参考雷军、史蒂夫·乔布斯的书单。

3. 媒体书单法

随着新媒体的崛起，微信公众号、新浪微博、今日头条等平台逐渐发展出了专业的读书类账号，有些账号推荐的书还是很值得一看的，像"书单来了"经常会以专题的形式推荐系列书，"十点读书"以传递文摘和原创随笔为主。

除了专门的读书类账号推荐的书单，"人民日报"等权威媒体账号也会有一些书单推荐，我们可以适当参考。

当今世界变化太快，我们经常陷入"信息爆炸"的旋涡。面对数量庞大的图书，选书是一件尤为重要的事情，值得我们投入一定的精力，筛选出更适合自己阅读的好书。

2.3 关注5个关键信息，判断一本书是否值得读

东京大学的学生曾经做过一个实验：

（1）在一个书店里，既不看封面也不看标题，闭眼任意挑选一本书；

（2）打开书，随便翻一页读；

（3）看看自己是否理解翻开的这页的内容；

（4）如果不太理解，就把封面的内容看一遍，然后再回来看这一页，看是否理解。

东京大学的学生在做这个实验的时候，在第三步时一般会说"不理解"，当进行到第四步的时候，大部分学生都会说"理解了"。

可见封面上的一些信息对我们理解一本书有多么重要。

很多人会在优惠力度大的时候买一堆书，不加判断地就开始阅读，然后很可能读到一半甚至读完，才发现书的内容并不好，或者并不是自己想要读的书，这就会浪费很多时间。

因此，我们要学会判断一本书是否值得读。

要判断一本书是否值得读，不能只看封面上的信息，而应该学会看更多其他信息。

1. 作者简介

读一本书就像跟一个人聊天，聊天之前，我们最好知道这个人的背景，这样更利于沟通。翻一翻这本书，不需要看清每个字，简单地和这本书建立连接就行，随便翻到一页，看几眼，对文字大概有一种感受即可。

另外，了解一个不认识的作者，除了看当当、京东、天猫等网站中图书详情页上的介绍，还可以上网查询这个作者的其他作品，了解作者更多的经历、成就。

比如，看到《和秋叶一起学 PPT》和《从零开始学

PPT》两本同是讲 PPT 的书，我们就可以从作者方面进行判断。《和秋叶一起学 PPT》的作者之一秋叶是"秋叶 PPT"创始人，其 PPT 课程在网易云课堂上很受欢迎，并且他出版了多本 PPT 相关的畅销书。而《从零开始学 PPT》的作者"郑少 PPT"是"90 后"自媒体从业者，多个平台的签约作者。这样简单了解两位作者的背景，在选书的时候就能帮助我们判断。

2. 内容简介

在网站的图书详情页或者图书勒口处可以看到一本书的内容简介，这个简介一般概括了全书的精华内容，能让读者对书有一个整体的了解。

有时不能仅凭书名一眼看出这本书是讲什么的，比如 2019 年的畅销书《你当像鸟飞往你的山》，只有看了内容简介，才知道这本书讲的是一个没有接受过任何学校教育的 17 岁女孩通过"自学"考上大学，走出从小生活的大山，走出思想腐朽的家庭，成为哈佛大学的硕士生、剑桥大学的博士生，这本书体现了"教育"能给人的成长提供无限可能。

3. 目录

目录也可用于判断一本书是否值得读，能全面反映一本书的整体框架、作者的行文逻辑。有些书看完目录，我们就知道大概 80% 的内容了，而且我们可以通过目录看一本书讲了哪些主题，另外还能快速判断这本书相比其他同类书是否有特色。

许多作者写书是从写目录开始，然后根据目录写正文的。不过很多文学类作品的目录没有多少参考价值，我们无法从目录中获取概括性信息。

4. 序言或前言

序言一般分为自序和他序，自序是作者写的，用来说明写作动机、经过和内容体例等情况；而他序则是一些图书相关人员，包括同行、推荐人等对图书主题的阐述和评价。

前言的功能是说明本书阐述的主要内容、为什么要读本书、哪些人适合读本书、阅读注意事项等，作者关于本书想要说明的其他事项都可以放在前言中。

5. 读者评价

在网上买书，可以看一下各大网站的读者评论和评论数量，尤其是差评。我们要对差评的内容和数量进行判断，如果差评太多，那我们就要考虑这本书是否值得购买和阅读这本书。

豆瓣读书中图书的评分目前相对来说比较真实客观，一般 7 分以上的图书还是有一定价值的，值得一读。而且豆瓣上会有很多书友的书评，这些书评能从另一个角度给我们提供参考，让我们更全面地判断一本书。

我们的时间有限，为了避免把宝贵的时间浪费在"不值得读"的书上，我们最好在开始阅读之前，仔细了解该书以上 5 个方面的信息，磨刀不误砍柴工，这会帮我们节约更多的时间。

2.4 改掉 3 个不良的阅读习惯，读书更轻松

许多人用吃快餐的方式对待阅读，似乎都希望用更少的时间把更多的信息吞到肚子里——美国新罕布什尔大学

的一位教授质疑这样阅读的效果，他反对那种只看几眼内容梗概或者 10 分钟就听完一本书的阅读方式，而提出了"慢阅读"的观念，主张一本书应该细细品味。

很多阅读爱好者受到"慢阅读"思想的影响，也开始倡导这种阅读方式。随着"慢阅读"思想的传播，越来越多的人开始认为阅读应该逐字逐句，一个地方没有读懂，就反复读，直到读懂为止。

这样的"慢阅读"真的有助于理解内容和享受阅读吗？

加拿大学者约翰·米德马（John Miedema）出版了一本书《慢阅读》。他在书中并不主张一切书都应该慢慢读，而是提倡一种"慢阅读"观念，认为慢阅读的目的是拉近读者和所读信息之间的距离。

那么，如果所谓的"慢阅读"不但没有拉近我们和所读信息的距离，反而影响我们理解信息呢？比如我们经常会在阅读时逐字阅读、回读等，这些方式会让我们把大量的时间耗费在细节上，从而影响了对一本书整体的把控。

明明读不进去却还要坚持读，这种习惯会带来不愉快的阅读感受，降低阅读积极性。

无论是提倡慢阅读还是快阅读，我们的目的都是高效阅读，因此，我们一定要改掉以下 3 种影响我们阅读的不良习惯，从而让阅读变得更轻松、更高效。

1. 读不进去还要坚持读

看到比尔·盖茨推荐的《当下的启蒙》，我们可能会因为是名人推荐的就去买来读，结果发现这本书信息量极大，读起来很困难。

有的人明明读得很痛苦，却还是每天坚持读。这样强行阅读不仅会给我们的心理造成负面影响——对阅读产生抗拒，效果也不一定好，因为这些信息不能和过去的知识产生连接，我们就会很快忘记读过的内容。

那怎么办呢？

看不懂这种高难度的书，其实是因为我们对相关知识的积累不够，这时我们可以先阅读一些简单一点儿的同类书，有一定的积累之后再来看难度高的书，就会发现好读多了。

2. 逐字阅读

逐字阅读多是从小养成的习惯，是指一个字一个字地看。逐字阅读时，大脑需要按照"字—词—句"的顺序来进行文字加工，这导致理解过程变长。采用这种方法阅读除了慢，还会影响理解。

因为大脑运转速度很快，保持和大脑运转速度一致的阅读速度才会让理解能力最大化，一旦阅读速度变慢，就会导致闲置的大脑神经对阅读以外的其他事物进行加工，从而引发走神。

对于我们来说，最好的阅读方式是整体理解一段文字，以一组短语一组短语的形式进行加工理解，这样，阅读速度加快的同时，理解能力也能相应提升。

3. 回读

读着读着，发现前面一句还是不懂，就返回再次阅读研究，这种阅读方式就叫作"回读"。即使不断地回读，我们也往往会发现，一本书读完还是什么都没记住，甚至一本书几个月都读不完。

我们以为回读能帮我们加深理解，但其实它会打乱我们的阅读节奏。因为我们阅读的时候，大脑是按照书本的思维在高速运转，一旦我们不理解某个地方，停下来思考、查阅，原来的思维就被打断了，要想再次找到阅读节奏就有点儿困难了。

一般来说，让我们回读的那些细节问题并不影响我们理解整体内容。

有些我们现在不理解的概念可能会在后面的内容中得到解释说明，所以跳过那些不理解的概念继续读就行。如果有的概念非要弄懂不可，那也可以等到读完一个章节再去查阅相关资料，不要把一个概念、一段话当作阅读的基本单元——系统的一章节内容才是。

无论是逐字阅读还是回读的习惯，都可以通过采用"321阅读法"来改正。这个方法很简单：

拿一本书，用平时的阅读方式读 3 分钟；

然后再读一遍读过的内容，但是只能用 2 分钟；

最后用 1 分钟强行读完同样的内容。

如果没有在规定时间内读完，就反复练习。

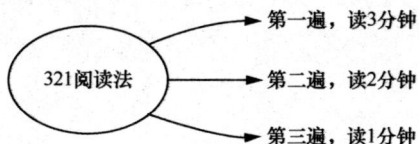

用"321 阅读法"多次练习之后，阅读会进行得更顺畅，我们便能养成良好的阅读习惯了。

有些阅读习惯是日积月累的结果，会在不知不觉中影响我们的阅读感受，所以需要我们及时提高警惕并采取行动改正。刚开始可能会有些困难，但是只要养成了正确的阅读习惯，我们将来的阅读之路就会更加顺畅。

▶ 第 3 章　如何高效读懂一本书

THREE

"了解一页书，胜于匆促地阅读一卷书。"可见读懂书的重要性。

一本书中没有看不懂的词句，就算读懂了吗？

其实不然，**读懂一本书是读懂这本书背后的深意，读懂字里行间的情感，读懂全书的逻辑思维。**

从整体上掌握一本书的内容有很多方法，利用这些方法有利于我们真正读懂一本书。

3.1　二八阅读法：掌握 20% 的核心内容，就能读懂一本书

1963 年，IBM 发现了计算机运行的一个规律：一台计算机将 80% 的时间都用来执行 20% 的代码。IBM 迅速做出反应，更新了计算机操作软件，优化这常用的 20% 的代码，让其更易于操作和人性化。于是，IBM 的产品使用起来比竞争对手的更加高效、快捷，这也为 IBM 成为全球大型的信息技术公司奠定了一定的基础，就连华为也曾在发展瓶颈期花巨资引入了 IBM 的咨询项目。

IBM 就是最早运用二八法则并获得成功的公司之一。

二八法则最早由意大利经济学家维尔弗雷多·帕累托（Vilfredo Pareto）提出，是指在任何一组东西中，最重要的只占约 20%，其余 80% 是次要的。

二八法则不仅可以运用于商业之中，也被广泛应用于日常生活的各个方面，比如："你 80% 的成绩，来自 20% 的付出""20% 的论坛作者发表了 80% 以上的精品文章""20% 的地毯使用率高达 80%"……

而将二八法则运用在阅读中，就是，一本书中，你收获的 80% 的知识来源于整本书 20% 的内容，而找到这重要的 20% 的内容并进行阅读就是二八阅读法。

娃哈哈集团创始人宗庆后看书的速度非常快，一本书常常一两个小时就可以看完。他认为，读书只要抓住其中 10%～20% 的精华就可以了。其实这就是对二八阅读法的熟练运用。

我们希望自己看完书后就能记住所有知识点，可是这对于绝大部分人来说是不可能的。但是如果能找出其中重要的 20% 的内容，将我们的大部分精力放在这上面，就能记住更多重点内容了。

那么，如何准确地摘取重要的 20% 的内容呢?

要知道，我们所说的读 20%，不是指连续读 20% 的内容，而是跳跃式地翻看一些我们认为重要的内容。这就需要用到跳读的技巧，将书中不那么重要的内容忽略。这里总结了一些跳读的方法。

首先，主要阅读章节标题和其他小标题，看相应章节是否自己需要了解的内容，如果不是就直接跳过不读。另外，注意样式特殊的文字，这部分往往是核心内容，是需要重点阅读的 20% 的内容。

其次，很多书会加入作者的自述或其他一些案例来印证书中的某个观点，比如作者曾经经历了什么，然后现在怎么样了，或者某个人、某个企业经历了什么，后来获得成功……一般这种内容的前后会有总结性的观点或方法，我们只需要关注这部分内容即可，而个人经历、案例的部分可以跳读。

最后，可以通过留意一些带有总结性的关键词来进行跳读，比如"由此可见""因此""综上所述"等，这些词后面的内容往往就是重要的内容，而前面的内容可以忽略不读。通过找关键词跳读，可以以段落为单位，着重关注一段话的首尾句。

跳读是帮我们剔除一部分非重要内容的重要方法，但是我们也需要主动挖掘一本书中自己需要的内容，这就需要在阅读之前明确自己的目的，然后再开始阅读。

我们在主动挖掘内容时，可以关注以下 3 个问题。

（1）作者在这本书中想要解决什么问题？

（2）关于这个问题，他提出了哪些核心观点和关键词？

（3）作者要解决的问题和关键词之间的联系是什么？

从一本书中找到这 3 个问题的答案，我们就可以提炼出这本书的核心内容。

以秋叶的《个人品牌技能指南：9 种技能打造个人影响力》这本书为例，作者在书中想要解决的问题是如何从 0 到 1 打造个人影响力，而关键词就是故事力、视觉化、演讲力、社群力、写作力等。至于作者要解决的问题和关键词之间的联系，就是提升这些关键词对应的能力，从而达到打造个人影响力的效果。

要知道，读一本书只读 20% 并不是浪费，而是为了更高效。而且，相比因为没有时间读完一本书而将书束之高阁，我们选择性地读 20% 的重要内容更能让书彰显其价值。

当然，二八阅读法并不适用于所有书籍。

像文学类图书，我们应该抱着欣赏与休闲的目的展开阅读，要花时间去品味其中的细节信息。如果采用二八阅读法，反而会失去获知这类书籍的有趣内容的机会。还有一些教授实用技能的图书，比如 Office 办公软件操作教程，阅读时肯定不能跳过太多操作步骤信息。

比较适合用二八阅读法读的是经管励志类的书。

3.2 六要素法：抓住关键点，让阅读的收获大大增加

1931 年，华罗庚在清华大学的数学系当助理员，每天忙得不可开交，但是依然三天两头就去图书馆借几本书看。有几个同学惊讶于他看书的速度，于是晚上跑到华罗庚的宿舍偷看他是怎么阅读的。

只见华罗庚翻开书看了一会儿，就关灯躺下了，过了很久又起身开灯，开始看另一本书。同学们感到很奇怪，于是问华罗庚究竟是怎么阅读的。他说："每看一本书，只需要抓住其关键信息，然后进行独立思考。如果思考的结果和书一样，那么这本书就不用再读了。因为理解了之后

记住的东西，比逐字逐句的记忆更加深刻。"

先阅读一本书的关键信息，然后在关键信息的基础上进行思考，能让我们充分理解和记忆这本书的核心内容，甚至不用读完整本书也能得到同样多的收获。

那么如何快速抓住一本书的关键信息呢？我们可以采用六要素法。

六要素法是指在阅读的过程中总结提炼书中的六要素：概念、问题、分类、案例、奇趣、金句。

这种方法能让我们把大部头中的精华内容提取出来，把书读"薄"，从而把握整体内容，做到融会贯通。下面以《秋叶特训营 个人品牌 7 堂课》这本书为例。

1. 概念

概念也就是书的内容主旨，是书中内容表现出来的作者思想。一般来说，作者会在书的结尾或者开头提出自己的看法，比如，《秋叶特训营 个人品牌 7 堂课》中是这样提出个人品牌概念的，如下页图所示。

> 我们说的个人品牌，是指你的定位在大众化人群中有广泛的知名度。大家认可且喜欢你这个人，是因为你的专长、才华及个性，不是因为你背后的单位。比如，中央电视台的主持人撒贝宁，主持《今日说法》节目，知名度很高。他在央视之外参加了很多真人秀娱乐节目，凭借多样化的综艺才华，赢得了更多人的喜爱和认可，个人品牌的影响力远远超出了一档央视节目主持人的能量。

2. 问题

问题指的是书中提出的疑问，是可以引发我们思考的重点内容。通过思考问题，我们也能更好地理解作者的意图，比如下图所示的问题。

做的事情有认同感，约定好一个阶段的分配模式，反而可以同心协力去做。做大了，做好了，该有的回报也自然到了，这就是创业者的心态。

怎样在社群中选到靠谱的创业小伙伴呢？

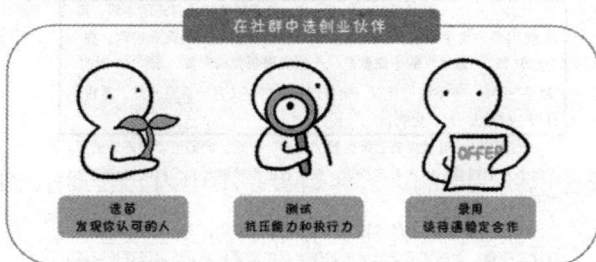

在社群中选创业伙伴

选苗
发现你认可的人

测试
抗压能力和执行力

录用
该待遇签定合作

第一步：选苗——在社群中发现你认可的人

一个人是否适合加入你的个人品牌团队？

一开始我们很难找到特别职业和专业的人，这样的人也很难放弃现有的回报去帮别人做事。我们要找的是心态开放、做事积极主动、有很

3. 分类

分类是指按照种类、等级或性质将图书分别归类。为一本书分类是确定一本书所属的相关领域，比如《秋叶特训营 个人品牌 7 堂课》是市场营销类图书。一般来说，从一本书的标题和目录就可以判断一本书所属的领域。

4. 案例

有时候，为了帮助读者理解内容，作者会在书中举一些案例，而这些案例不仅有助于我们掌握作者的意图，也能指导我们如何做。下图所示的是一个做手账的个人品牌的案例。

> 比如，一个人要做手账的个人品牌，希望销售带货自己的手账，那么就需要去找手账这个行业的头部账户，拆解他们的商业模式。在手账领域，"趁早"的王潇就是一个很值得研究的对象。定价 60 元的"趁早"手账，年年迭代升级，销售周期从每年 7 月一直到元旦，零售不打折，批量大，可以定制。

我们可以运用供应链思维拆解"趁早"手账。我们可以跟踪她的网店每个月的销量，一年有多少量，预测有多少销售收入，打听供应商生产成本。

我们可以运用产品经理思维拆解"趁早"手账。手账是什么定位？有什么特色？她的文案说明手账制作需要注意哪些细节？通过评论可以分析用户喜欢她手账的什么地方？

我们可以运用营销经理思维拆解"趁早"手账。手账文案怎样写的？发布节奏如何？不同时间段都发怎样的推文？有哪些推广形式？做了哪些推广活动？发布在哪些渠道上？效果如何？

我们可以运用运营经理思维拆解"趁早"手账。除了自有流量，有没有各种整合推广？有没有社群推广？如何激活老用户复购？

5. 奇趣

奇趣指的是书中有意思的观点，能让读者耳目一新，引发读者思考和共鸣。比如"桌面乱的人更有创造力""拖延症有利于激发灵感"，我们会发现过去曾以为不好的一些习惯也有积极的一面，从而被颠覆认知，这些观点就是"奇趣"。《秋叶特训营　个人品牌 7 堂课》中也有一些奇趣，如下图所示。

其三，先谈钱，再做事。

把事情谈得七七八八了还没有约定双方的责任和回报，这是得罪朋友的最快方法。我们应该在初步评估合作可能性成立后，马上进入商业回报沟通。只有大家对彼此的回报预期都接受，并认为合理，我们再继续谈才会更好。很多刚刚开始打造个人品牌的朋友，因为缺乏商业经验，所以羞于谈钱，其实这是不对的。

先谈钱 再做事

预期回报

一般关于钱的事情早点想好再去谈，会加速你的目标的达成。

6. 金句

在一本书中，金句指的就是明确指出如何解决问题或能引发读者共鸣的句子。不同的人对金句的看法不一，但最主要的是这个金句要能击中我们的内心，对我们有所启发，如下图所示。

> "得到"迎合了这个时代的发展趋势，整合了内容生产这个供应链，成就了"得到"今天的胜利。"得到"的胜利必然会带动一大批人成为所谓的"知识网红"。
> 我们认为，所有个人品牌的兴起，都是无数传统行业供应链重新再造的过程。虽然叫"个人品牌"，但没有一个"个人品牌"的持续发展完全依赖于个人的努力，这背后一定是依托某个产业链，打造出新的商业模式，而新的商业模式更青睐有"观众缘"的个人成为品牌或产品的代言人。

通过这六要素，我们可以快速提炼一本书的关键内容，从而更好地读懂一本书。而且六要素法可以灵活运用，我们在熟练使用这种方法后，如果需要了解一本新书中的某一个或几个要素，比如"奇趣"和"金句"，就能更快地整理出这两个要素的相关内容。

六要素法主要适用于读非虚构类图书，尤其适用于读实用类图书，而不太适用于读文学类图书。

3.3 提要钩玄法：提升分析概括能力，加深对书的理解

"唐宋八大家"之一的韩愈，3岁时，父母双双去世；11

岁时，抚养他长大的哥哥也去世了，他从此颠沛流离、居无定所。然而韩愈非常努力地读书学习，终于考中进士并且获得官职。

韩愈在文学方面的成就堪比"诗仙"李白和"诗圣"杜甫，其领导的古文运动，为文学发展开创了新的局面。韩愈能有如此成就，和他热爱阅读的习惯分不开，而且他有自己的高效读懂一本书的方法，他在《进学解》中介绍了阅读的方法："记事者必提其要，纂言者必钩其玄。"后人将他的话概括为"提要钩玄"。

提要钩玄指的是，阅读首先要将书分门别类，然后按其性质类型而采用不同的读书方法。对于那些叙事性的书，阅读时必须先提纲挈领地将书中的主要内容抽出来；对于讲理论的书，阅读时则要摘取其深奥的观点，即抓住它的精华部分。

阅读中做到提要钩玄，对理解一本书的内容有很大帮助。因为"提其要"，能让书中事件的发生和发展过程一目了然，能让我们清楚事件发生的原因，深入了解事物之间的联系，从而透过现象看到本质。"钩其玄"则便于我们掌握和深入研究重要观点，从而让视野更开阔，思维更活跃，将书中的知识转化为自己的血肉。

曾国藩说："万卷虽多，而提要钩玄不过数语。"

一本书可能有几百页内容，但是通过不断地提要钩玄，最后总结出来的内容可能就几句话。而提要钩玄的能力我们从小就在锻炼，老师教我们归纳文章大意、复述文章内容、摘抄金句、总结要点、写读后感等，都是在培养我们提要钩玄的能力。

运用提要钩玄法的基本步骤如下。

1. 通读，识文解义

这个过程相当于浏览一遍全书。识文是指弄清"书中说的是什么意思"，阅读过程中，短句一般比较好理解，但是长句就可能有点儿难理解，这时我们就可以忽略作为修饰成分的"定语""状语""补语"等，专注于"主语 + 谓语 + 宾语"的内容，从而提升阅读理解"长句"的能力。

例如丰子恺的《若爱世界都可爱》中的一句话：七娘娘（主语）做丝休息的时候，捧了水烟筒（状语），伸出（谓语）她左手上的短少半段的（定语）小指（宾语）给我看（补语）。忽略修饰成分后，这句话可以简化为：七娘娘伸出小指。

"解义"，即通过"联想法""对比法""替换法"等方式来帮助我们理解文意。

（1）联想法。

"联想法"是指结合上下文联想，或者结合自己的经验、既有知识进行联想理解。比如《乌合之众》中的一句话："民众力量的成长起始于某些思想的扩散，它们慢慢在人们心里扎根，后来一些人渐渐联合起来致力于实现这些理论设想。"结合历史上农民发动起义的事件更容易理解这句话。

（2）对比法。

"对比法"是从相反的角度去推导理解原文。比如《自卑与超越》中的一句话："当被宠溺的儿童进入新的环境，不再是众人关注的焦点，大家不再认为必须首先照顾他的感受，他就会很失望，觉得世界辜负了自己。"从相反的角度来看，被宠溺的儿童在被宠溺的环境中时，大家都会优先照顾他的感受，让他觉得自己是世界的中心；相比之下，到了新环境，被宠溺的儿童很难得到众人的关注，由此产生心理落差，从而觉得世界变得不好了。

（3）替换法。

"替换法"是指换一种方式表述一句话，从而加深对该内容的理解。比如《人间词话》中的一句话："境非独谓景物也。喜怒哀乐，亦人心中之一境界。故能写真景物、真感情者，谓之有境界，否则谓之无境界。"用自己的话来理解就是，境界不只是指景物。喜怒哀乐等情感也是我们心中的一种境界，所以只有能写出真实景物和真实情感的人，才能称他有境界，否则就谈不上有境界。

2. 概括整本书的主要内容

要想全面概括一本书的主要内容，首先要找到这本书的结构。一本书常见的结构有总分、并列、递进等形式。把握结构就把握了全局，在概括整本书的内容时可以跳出原来的框架，按照自己的理解去重新建立结构，这样知识就变成自己的了。

　　一般每本书都有"主要内容"，也就是我们常常看到的书上或者网站上的内容简介。

　　例如下面的《个人品牌技能指南：9 种技能打造个人影响力》的内容简介。

　　本书从如何打造个人品牌的角度出发，系统地总结了打造个人品牌的 9 种技能，分别是故事力、视觉化、直播力、写作力、演讲力、短视频、社群力、传播力和学习力。这些技能紧跟时代发展，每个技能有相关案例分析和实操指导，切实可行，能帮助读者讲好一个故事、管理视觉形象和提升个人学习能力，通过直播、写作、演讲和短视频传播等方式，扩大个人影响力。本书适合新媒体和电商从业者、各行业培训师等阅读。读者可以按照书中的指导方法，通过学习本书中打造个人品牌必备的 9 种技能，去打造属于自己的个人品牌，放大自己的专业影响力，增加职场价值。

3. 用自己的话讲一本书

用自己的话讲一本书可能需要换人称，比如第一人称要换成第三人称，而且不能简单地重复原文，而应该加入一些自己理解的内容，并且要用通俗易懂的语言代替原来的"书面用语"。这样既能让别人听懂，也加深了自己的理解。

例如，用自己的话讲《将相和》的故事。

战国时期，秦国仗着自己强大，总欺负别国。

一次，秦王知道赵王得到了和氏璧，就假装要用 15 座城换。于是蔺相如带着和氏璧来到秦国。秦王拿到璧后，却绝口不提 15 座城的事。聪明的蔺相如于是骗秦王说璧有瑕疵，拿回了璧并威胁秦王不给城池就摔碎它，还宣称要举办城池交接典礼才献上和氏璧。最终蔺相如与和氏璧平安归赵。

过了几年，赵王和秦王在渑池会见。秦王让赵王鼓瑟，赵王不好推辞，就鼓了一段，秦王就让人记下来；蔺相如于是也让秦王为赵王击缶，因为赵国将军廉颇的军队已在边境做好准备，秦王不得不击缶，蔺相如也叫人记下来。

蔺相如因为他的聪明才智被赵王封为丞相。

老将廉颇对此不服，屡次挑衅蔺相如，而蔺相如以大局为重，始终忍让。后廉颇终于被蔺相如的行为感动并认识到自己的错误，于是向蔺相如负荆请罪。最终两人和好，共同守卫赵国。

我们平时读书，发现自己有时似懂非懂，读完也不能将书中内容讲出个所以然来，这就是因为我们没有用到提要钩玄法。只要按照前述的 3 个步骤多加练习，就能轻松掌握提要钩玄法，提升个人的分析概括能力，加深对一本书的理解。

值得一提的是，提要钩玄法几乎适用于所有类型的书，是一种通用的阅读方法。

3.4　读书笔记：3 种笔记法，助你读透一本书

钱锺书先生被誉为"文化昆仑"，据说凡是他看过的东西，都会像照片一样留在他脑海中。有一次，美国耶鲁大学为他举办茶话会。一位参加这次茶话会的学者回忆说：

"茶话会上，最出风头的要数钱锺书。他博闻强识，出口成章，把许多美国人都唬着了。即使提到许多不出名的诗人，钱锺书都能流利地背出他们的佳作。"

是因为钱锺书先生的记忆力超出普通人吗？其实并不是，至少他本人并不认为自己有那么"神"。他只是喜欢读书，并且肯下功夫，除了读书还做笔记，笔记也会因为反复阅读而不断地添补内容。他读的书很多，也多被他记住了，有很大一部分原因是他善于做笔记。

徐特立曾经说过："不动笔墨不读书。"做读书笔记可以加深对所读内容的理解，能让我们从一本书中得到更多收获。在做读书笔记的过程中，通过书写可以强化记忆，也就更容易记住书中内容。

那么，常见的读书笔记有哪些类型呢？读书笔记可以分为批注笔记、表格笔记和卡片笔记等。这里介绍3种做读书笔记的方法，方便我们根据书的不同类型进行选择。

1. 直接批注法

书读得多了，有时会忘记一些内容，我们要以有限的记忆力去阅读无穷的书，其中一种好办法就是做读书笔记。在阅读时，遇到值得记录的东西，或者有了心得、体会，我们可以随时把它写下来。这种随时在书上做笔记的方式，我们称之为"直接批注法"，如下图所示。

> 　　哪怕你的个人品牌小有名气，只要你没有做过主播，在直播这个舞台，你就还是一个零基础的"素人"，预期过高反而容易"翻车"。要想真正成为大家喜欢的主播，你开播前需要做好充足的准备。
> 　　直播的门槛并不高，但若想在这个行业里做出成绩，除了要能够"努力到无能为力，拼搏到感动自己"，你还需要有良好的心态。现在大部分直播平台是根据主播的数据分配流量推荐的，如果你没有足够的直播频率和时长，直播间留不住人，下单率不够，你可能就只能靠自己给你的直播间拉流量、攒人气。 时间

直接批注法是一种简单的记笔记的方法。所谓批注，指在阅读过程中，我们以批语的形式写在书上的思考和感受。在这个过程中，还可以将书中的重点内容勾画出来，比如书中让我们感到惊讶的、能解决我们问题的、对重要概念进行定义的部分。

用直接批注法做读书笔记需要一定的判断能力，判断哪些内容重要，并将其消化、吸收。我们在做读书笔记时写的感想可以是一句话或者几个词语。有的书中有些话能给人很大启发，我们就可以将其勾画出来并批注。

直接批注法适用于阅读所有类型的图书。

2. 康奈尔笔记法

自沃尔特·波克（Walter Pauk）发明康奈尔笔记法以来，这种笔记法就被广泛应用于听课、阅读、复习和记忆。

康奈尔笔记法也被称为 5R 笔记法，运用时需要把一页纸分成 3 个区域，如下图所示。

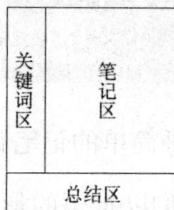

关键词区	笔记区
总结区	

笔记区：在整个笔记页的右侧，占大部分版面，作用是记录我们读到的重点、难点以及有疑问的地方。

关键词区：约占整个笔记页的 1/4，处于笔记页的左侧，用来写提纲。它能帮助我们在课程结束后的复习过程中，对课程的内容进行提炼和结构梳理。

总结区：位于笔记页最下面，占整个笔记页的 1/5 左右，用于记录思考总结和心得体会。

以《从 0 到 1 搞定即兴演讲》这本书的第三章为例，用康奈尔笔记法做的读书笔记如下图所示。

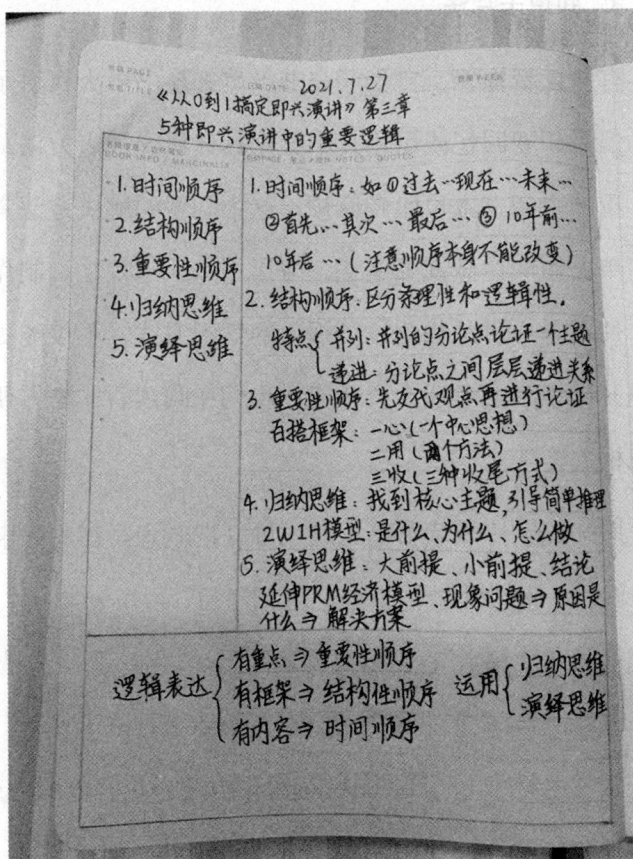

康奈尔笔记法没有那么神秘，它最大的作用是帮助我们养成阅读后复习总结的习惯，站在宏观的角度总结知识点，它适用于阅读非虚构类型的图书。

3. 知识卡片法

有些读者抱怨，自己读完书虽然知道书中大概讲了什么，但是想要回忆或运用其中某个具体概念或者方法却很难，重新查阅书本也比较麻烦。这个问题的解决方法其实很简单：用卡片做读书笔记，即运用知识卡片法。制作知识卡片就是一种结构化、可视化的学习方式，不仅能更好地提升阅读和思考能力，还能让我们在阅读后非常方便地查找相关资料。

用知识卡片做读书笔记时，可以把概念写在一张卡片上，做成一张"概念卡"；把"好词好句"写在一张卡片上，做成一张"佳句卡"；把解决问题的方法写在卡片上，做成一张"方法卡"；把书中的示例、知识点摘抄在卡片上，做成一张"素材卡"。下页图所示为根据《心花怒放的人生》一书制作的知识卡片。

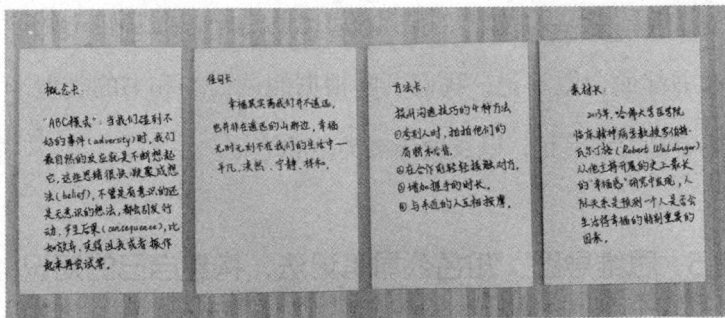

　　这样一来，我们就可以将书的内容拆解成概念、佳句、方法、素材等部分，从而方便我们充分理解拆解出来的每个知识点。我们还可以对每个知识点进行图像化、结构化、逻辑化的记忆。知识卡片法可以灵活用于阅读各类型图书，比如读小说可以只摘抄佳句，读实用技能类图书主要摘抄方法。

　　根据艾宾浩斯遗忘曲线，一天时间内，人们就几乎会失去 80% 的新记忆。所以阅读需要反复进行，才能加强记忆效果。然而，将一本书全部重读费时又费力，如果我们做了读书笔记，就可以重点看笔记，也相当于重温了一遍，效率更高。

做读书笔记当然是每个人自己的选择，而且也不是每本书都适合做笔记，我们可以根据阅读目的和书的类型来决定是否做笔记，以及做什么类型的笔记。

3.5 思维导图：知名公司笔记法，构建自己的知识体系

波音公司在设计波音 747 的时候，使用了思维导图这个工具。波音公司的员工说，如果采用普通的方法，要设计波音 747 这样一个大型项目，大概会花 6 年时间。因为使用了思维导图，工程师只用了 6 个月的时间就顺利完成了，波音公司也因此节省了 1000 万美元。于是，思维导图成了波音公司提高项目设计效率的重要工具。

思维导图是英国教育家托尼·博赞（Tony Buzan）提出的一种记录思考内容的方式，主要作用是帮我们把大脑中的思路用可视化的方式呈现出来，它被广泛应用于各行各业。比尔·盖茨也曾表示，因为学习了思维导图，所以他能用思维导图的思想开发出 Windows 操作系统，从而

使微软公司在操作系统领域取得巨大成功；沃伦·巴菲特也曾用思维导图分析全球股市的动态以及上市公司的股权结构。

在阅读的过程中，摘抄式地做读书笔记有一个很大的缺陷，即缺乏系统性，摘抄的知识点是分散的，不成体系，存在局限。而用思维导图做读书笔记能有效规避这些问题。用思维导图做读书笔记有很多好处：

① 可以帮助我们梳理和构建知识体系；

② 可以将笔记内容和已有的知识体系关联起来；

③ 可以强化对知识的吸收；

④ 可以对知识进行加工，让我们可以联系实际生活或工作进行知识输出。

用思维导图做读书笔记，是指运用图文方式，即使运用简单的文字和线条也可以，把各级主题的关系用表示隶属或相关的层级符号表现出来。我们理解一本书内容的过程，其实就是给书画思维导图的过程。若无法在脑中画出思维导图，则可以在纸上或借助软件画下读书过程中提炼的思维导图。

思维导图既可以手绘，也可以用软件来绘制，比如印象笔记、XMind 思维导图、Microsoft OneNote 等手机 App 都可以用来帮助我们绘制思维导图。

通过绘制思维导图，我们可以快速梳理脉络，加深对书中内容的理解、记忆。以《短视频实战一本通》一书为例，绘制思维导图需要进行以下 3 步，如下图所示。

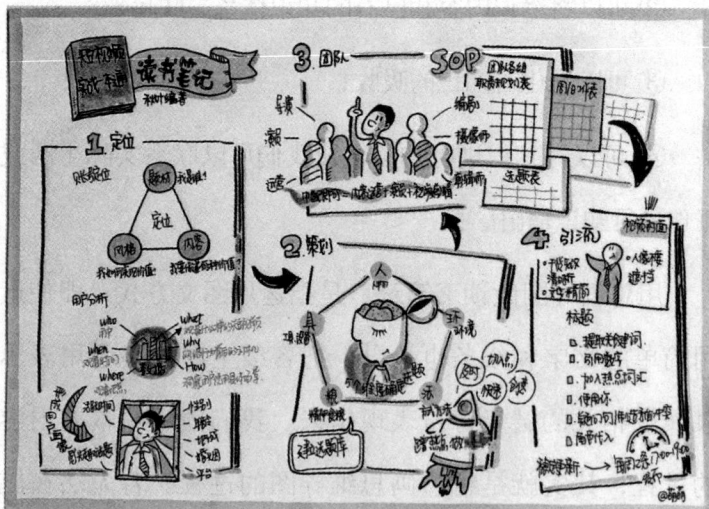

1．了解概况，筛选重点章节

熟悉书的整体情况，比如从内容提要、前言和目录中筛选出需要重点阅读的章节。上页图所示的读书笔记就是从 12 章内容中摘选了 4 章的内容，这 4 章的主题分别是定位、策划、团队和引流。

2．通读全书，标记重点内容

通读全书，可以重点关注前一步筛选出的重要内容，将各级标题和加粗的重点句子在思维导图上记录下来。比如，读"定位"这章，就可以筛选"账号定位""用户分析"和"形成用户画像"3 个知识点进行重点记录。

3．精读重点，绘制思维导图

针对重点内容进行仔细阅读，补充思维导图中的信息，并且将自己的阅读感悟也简练地写出来。比如"定位"一章中，"用户分析"的 5W1H 模型就分别用浅色字进行了解释说明，更利于后续理解和应用。

绘制思维导图的时候可以用不同颜色的笔和图案，这样可以使画面不至于过于单调，让我们在回顾时更有阅读的欲望，并帮我们对不同的知识点进行快速分类。用两种或两种以上的颜色，能让整个笔记显得更清晰、更有吸引力。当然，思维导图中的简笔画并不是必需的，如果不擅长画图或者觉得画图浪费时间，完全可以只用线条和文字来绘制思维导图。

目前，线上思维导图工具越来越完善，大部分支持用户根据操作提示绘制思维导图，很方便，新手也能轻松上手。以 XMind 思维导图为例，主要操作步骤就是，新建→选择思维导图样式→输入"中心主题"→输入"分支主题"。以《短视频实战一本通》中的"定位"和"策划"两章内容为例，制作的思维导图如下页图所示。

完成思维导图的绘制并不是结束，就像一本书不是读完就结束了。我们用思维导图或者其他笔记法总结或提炼内容，最终目的是帮助自己提升某项技能或解决某个问题，真正做到把书中内容和实际生活结合起来。

短视频实战一本通

- 定位
  - 账号定位
    - 题材 —— 我是谁
    - 风格 —— 我如何实现价值
    - 内容 —— 我要传递何种价值
  - 用户分析
    - Who —— 用户
    - When —— 观看时间
    - Where —— 观看地点
    - What —— 观看什么样的短视频
    - Why —— 网络行为背后的动机
    - How —— 洞察用户使用具体场景
  - 形成用户画像
    - 活跃时间
    - 感兴趣话题
    - 性别
    - 年龄
    - 地域
    - 婚姻
    - 平台
- 策划
  - 建立选题库
    - 人 —— 人物
    - 具 —— 工具设备
    - 粮 —— 精神食粮
    - 法 —— 方式方法
    - 环 —— 环境
  - 蹭热点，做"爆款"
    - 切入点
    - 及时
    - 快速
    - 创意

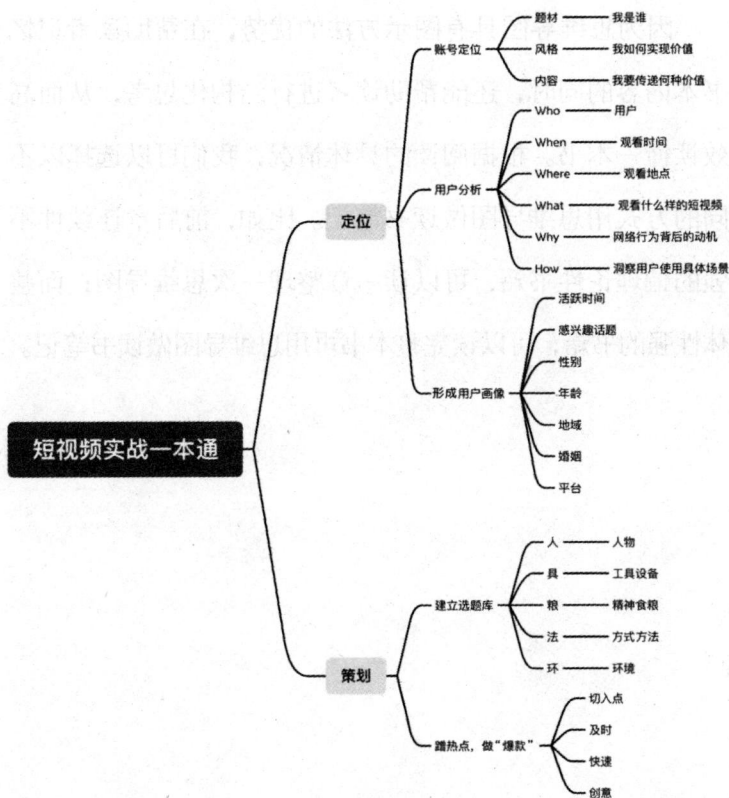

　　读大部分的书适合用思维导图做读书笔记，因为阅读每本书时的思维活动都可以用思维导图的形式形象化，无论是感觉、记忆还是想法，都可以围绕一个思考中心向外发散千万个节点。

因为思维导图具有图示方法的优势，在帮助读者记忆书本内容的同时，还能帮助读者进行结构化思考，从而高效读懂一本书。根据阅读的具体情况，我们可以选择以不同的方式用思维导图做读书笔记。比如，前后章连续性不强的偏理论性书籍，可以读一章整理一次思维导图；而整体性强的书籍，可以读完整本书再用思维导图做读书笔记。

▶ 第4章　如何快速读完一本书

FOUR

　　"读书贵神解，无事守章句。"说的是阅读时更重要的是把握书的精神实质，而不要拘泥于细节，知其然而不知其所以然。读得慢很多时候就是因为我们死守着某些句子、段落去读，这有时不利于我们从框架上理解一本书；而且读书太慢会耗费我们很多时间和耐心，书的内容再怎么精彩，如果看的时间过长，也会让人的阅读兴趣慢慢减退。因此，我们有必要学习一些快速阅读的方法。

4.1　关键词法：像搜索引擎一样获取信息

一个人由于做了近 10 年的饲料相关的工作，每当他去到农村，都能够很轻松地知道哪里有养鸡场，哪里有养猪场，行驶在公路上，他看到的也更多是饲料广告。

这种经历在我们看来很不可思议，没有关注过饲料的人在日常生活中基本看不到饲料的相关信息，不会像故事中的那个人一样，走到哪里都能看到。"孕妇效应"解释了这个现象：如果你怀孕了，会发现生活中处处都能看到孕妇。关键词法的原理类似孕妇效应。如果你带着你关心的问题去阅读，你会发现对你有启发的内容都冒出来了，因为人总是会优先去看自己想看的内容。同时，这也有助于我们加快阅读速度。

秋叶作为秋叶品牌创始人，每天活跃在多个微信社群里，而且几乎不会漏掉任何重点信息。当被问及是如何做到高效处理上千条聊天信息时，他说，方法很简单，提前预设好关键词，高速浏览信息，如果发现关键词，就减速停下来判断这段信息是否有价值，如果确实有，就慢慢看；如果没有，继续高速浏览其他信息。

将这种方法运用在日常的阅读中，我们也能像秋叶处理聊天信息一样，快速处理阅读的文字信息。这种通过关键词筛选阅读重点的方法就是"关键词法"，其运用步骤如下。

（1）提前想好自己要关注哪些重点信息，比如关注"新媒体"相关信息。

（2）把这些重点信息变成一组关键词，由"新媒体"这个关键词可以想到"短视频、直播、抖音、微博、快手、微信公众号"这类关键词。

（3）带着关键词高速浏览内容。

（4）发现含有关键词的内容就看慢一点儿，判断其是否有阅读价值。比如，读到"如果企业有做品牌宣传、形象塑造或市场公关的需求，可以选择开通企业微博。微博是一个很好的媒体公关工具，可以帮助企业建立销售渠道，增加品牌曝光机会"，因为看到"微博"这一关键词，所以需要停下来思考这部分内容对自己来说是否有价值。

（5）没有价值就继续高速浏览其他内容。比如，读到"正如一座社交灯塔，'人设'能够将拥有相同特质的人聚在一起，帮助你在茫茫人海中找到同类"，会发现这些内容不是自己关注的重点，就可以跳过，继续快速浏览其他信息。

无论是阅读微信群聊天记录、网络文章，还是阅读图书，都可以用这个方法。在阅读一本书时，关键词法能帮我们迅速找到书中对我们有用的信息，而忽略掉其他不重要的信息。忽略就相当于快进、跳过，阅读速度自然就加快了。

很多人对阅读的理解存在一个误区，即认为一定要把每个字都看完才算认真读书。有的人读书快，其实是因为他只读自己需要的内容，书中没有他需要的内容，他就不会逐字阅读，而是直接跳读，这样节奏就会特别快。多数时候，阅读是我们解决问题的手段，而不是目的。我们要做的是更高效地从书中找到自己需要的信息。

面对海量信息，高效查找资料的方式是搜索；面对信息流，计算机的处理方式也是搜索。所以我们应该像搜索引擎一样阅读，这才是关键词法的重点。

在用关键词法阅读时，如果想要效果更好，可以先速读，快速看一遍目录并翻阅全文，对全书有个大概印象。下次要看某个关键词的相关内容，就可以直接翻书查阅。因为带着关键词查阅等于对书进行关键词检索，虽然会有误差，但吸收信息的效率提高了很多。

关键词法不仅可以用在阅读前和阅读中，也可以用在阅读后来帮助记忆。当我们阅读完一篇文章，可以停下来思考一下这篇文章的关键词是什么。当有了关键词，我们找到相关信息的难度会大大降低。但如果在阅读结束时，我们没有主动去记录这篇文章的关键词，就好比搜索引擎没有给文章加标签一样，文章也不会在我们的大脑里留下真正的印象，很容易被遗忘。也就是说，时间长了，文章的内容很容易被遗忘，但是关键词因为有机会被反复强化，记起来反而会更简单。

　　关键词法有助于我们集中注意力，抓住信息流中的核心内容，进一步加快阅读速度和提升获取信息的能力。这种方法适合用于阅读非虚构类图书，这类书一般包含比较鲜明的观点和严密的论证过程，关键词往往会有提纲挈领的作用。

4.2　检视阅读法：粗读掌握中心思想

　　在《如何阅读一本书》中，艾德勒提出的检视阅读，可以帮助我们解决这个问题。检视阅读分为检视粗读和检视浅读，两者通常配合进行，即先用检视粗读判断一本书的阅读价值，再用检视浅读了解一本书的大概内容。

　　检视粗读就是在有限的时间内，通过系统地浏览书的名称、目录和索引，完成对一本书的粗略了解。运用这种方法，我们可以判断这本书是否是我们现在需要的，或者它有多大阅读价值，从而快速确定阅读的优先级别。

通过检视粗读，我们可以把书分为 3 类，他们分别对应阅读的 3 个优先级别。

1. 必要的书

这种书也许只占了极少部分，却是我们要努力寻找的阅读对象，也就是质量很好的书，或者马上能解决问题的书。这些书应当是优先阅读的对象，阅读的优先级别为第一级。比如要写一份公文，需要马上阅读公文写作相关图书。

2. 有用的书

这种书的内容对我们有帮助，但不一定是现在所急需的，或者只是能拓宽我们的眼界，但不是必要的。这样的书不需要立刻阅读，我们可以等到不太忙的时候再去读。我们可以把阅读这种书的优先级别设为第二级，比如读一本经典历史著作《万历十五年》。

3. 不"重"不"要"的书

这些书可能包含我们已经知道的信息，我们把它们的阅读优先级别设为第三级，甚至可以不读，比如《三字经》，如果没有特别需要，就不用读了。

检视粗读不但可以帮助我们判断书籍的价值，也可以帮助我们在生活中快速甄别出对我们有用的信息。大数据时代有数不胜数的信息，通过对文章内容的检视粗读，我们可以快速有效地淘汰无用信息。这也是快速阅读的一种方式。

我们阅读时经常会遇到一些问题：这个词是什么意思？作者为什么要这样解释？这些知识点对我来说有什么意义？一旦阅读过程中被各种问题困扰，很多人就会放弃阅读，或者不断地重复阅读某一部分内容，试图弄懂后再去读后面的部分，从而让阅读速度变得很慢。在阅读过程中，我们如果只是纠结一些细枝末节，就很难关注全书的主旨，阅读会十分低效，也就难以体会到阅读的快乐。

这时候我们需要改变阅读思维，转而进行检视阅读中的检视浅读。对于检视浅读，我们只需要掌握一个最简单的规则：在面对一本有阅读难度的书时，我们只需要从头到尾先读一遍，碰到不懂的地方不要停下来查询或思索。

通过这种方式，快速地把书读一遍，我们可以了解书的架构，把书的整体框架梳理出来，从而提高我们的阅读效率。当然，检视浅读并不是要我们对问题置之不理，相反，通过对整本书的阅读，我们能了解书的整体内容，再结合内容架构进行思考，很多问题就会迎刃而解。

检视浅读是一个对图书进行了解和判断的过程，能帮助我们判断一本书值不值得多花时间仔细阅读。检视浅读完后，你会了解这本书大致讲了些什么，掌握作者的主要观点，进而可以判断这本书是否值得花费时间仔细阅读。

检视阅读是一种很有效的阅读方法，也是一种可通过训练掌握的快速阅读方法。在检视阅读时，其实只阅读书中一部分内容，且是用不同的方式、带着不同的目标来读的。其实，每本书，不论阅读难度如何，其无关紧要的部分都可以读快一点儿。

　　检视阅读法几乎适用于阅读所有书，既可以作为主要
阅读方法，也可以作为辅助阅读方法。在检视阅读后进行
深入阅读，原来难懂的地方也会变得易懂。

4.3　扫视阅读法：普通人也可以一目十行

　　20世纪中期，科技的迅速发展带来了三大变化：非侵
入性眼动追踪设备的发展、计算机技术的发展以及认知心
理学的出现。这些变化推进了对扫视阅读的研究。

　　研究者使用早期的追踪技术进行观察，获得了许多有
关眼球运动的信息。一系列相关研究验证了19世纪法国眼
科医生雅瓦尔（Javal）提出的假设：阅读能力与眼球运动
能力相关。

　　研究表明，阅读时，不同人扫视的停留点不同，阅读
速度也就因此出现差异。阅读速度慢的人注视一个点的时
间会更久，而阅读速度快的人注视时间则更短。

扫视阅读就是利用人眼扫视的特点，通过缩短每一次注视的时间来加快阅读速度。人在阅读时不是逐字识读的，而是通过凝视几个单字组成的"文字群"进行的，规律是"注视—跳跃—注视"。要想加快阅读速度，就需要通过训练缩短每一次注视的时间。

但是，扫视阅读不是走马观花，虽然它是速读的一种，但是它既要求快，也要求保证阅读质量。经过训练，用这种方式进行略读或精读都会比常人更快。

要想掌握扫视阅读法，需要经过一系列的训练，以下4种方式可以帮助我们逐步学会扫视阅读。

1. 单行扫视

平时阅读，我们一般是从左到右看每一个字，而做单行扫视训练的时候，我们需要从上到下看，即从上一行跳到下一行。刚开始练习的时候，需要以一支笔作为视线引导物，将笔放在一行的末尾，依次往下一行末尾移动。注意这时候视线聚焦的不是单个字，而是一行字。此外，视线最好从左到右快速移动，如下图所示。

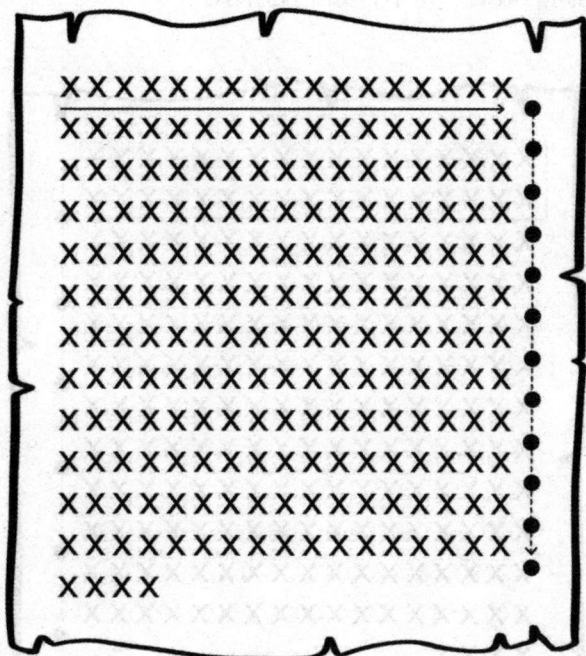

2. 双行扫视

　　单行扫视是以一行为单位，逐行扫视。双行扫视就是以两行为单位，将每次扫视的范围扩大到两行。同样，我们将笔放在第二行的末尾，以每次移两行的速度往下移动。

此时，视线可以快速地从左向右移动，但是最后聚焦的点是笔指向的最后一个字，如下图所示。

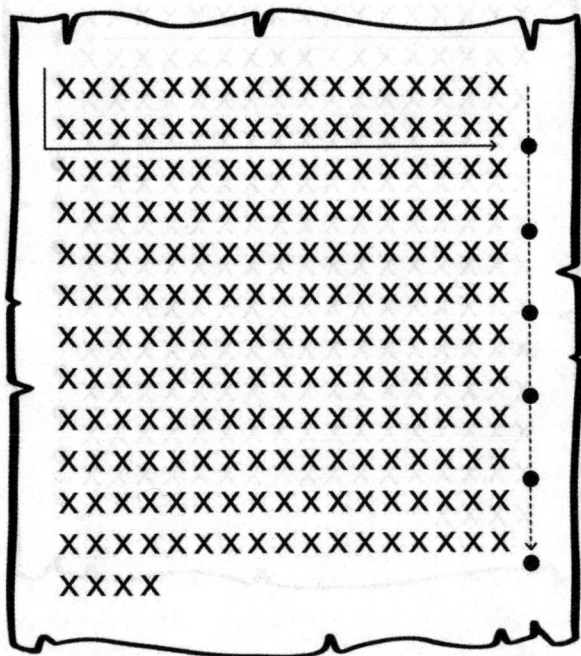

3. 可变扫视

可变扫视则是灵活决定每次的扫视范围，每次扫视的行数可以不同，比如感兴趣的地方可以采用双行扫视，不感兴趣或者很简单的内容可以采用多行扫视，如下图所示。

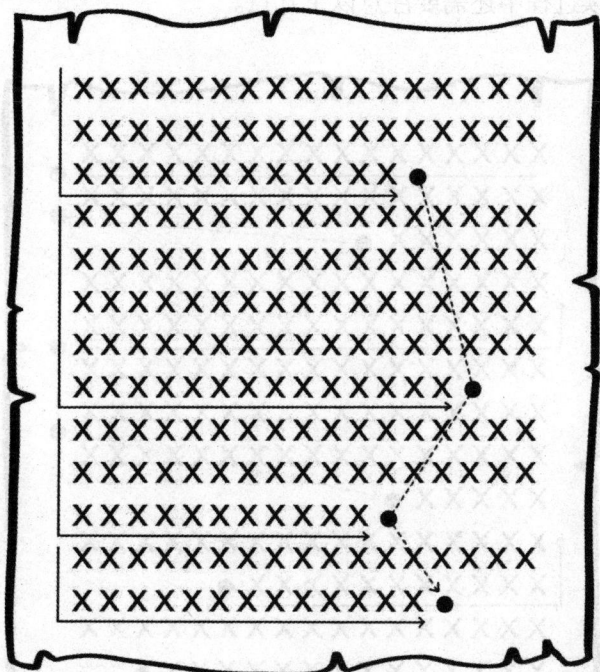

4. 反向扫视

反向扫视是指先把视线聚焦在一行或一段的末尾，然后往回扫视，从而理解这一行或一个段落的内容，如下页图所示。

扫视阅读是一种速读技能，其重点是提升眼睛和大脑的默契度，从而提升阅读效率。想要有效使用这种技能，在阅读过程中还需要注意以下几点。

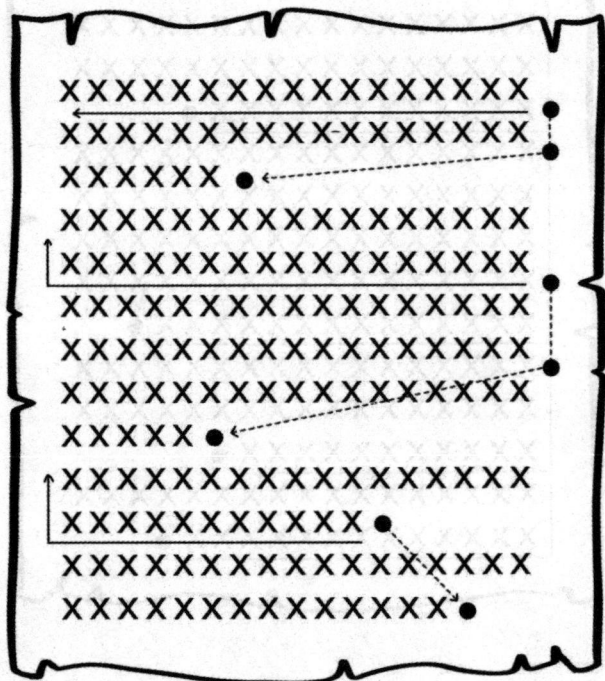

（1）高度集中注意力，让眼睛和大脑配合得更默契。

（2）采用视读的方式阅读，避免默读。

（3）逐渐增加难度，一开始不用太快，慢慢提升速度即可。

（4）积累相关知识。阅读一本书之前，如果对相关主题有一定了解，阅读起来就更容易理解，阅读速度也能更快。

（5）多练习。无论是阅读一本纸质书还是阅读网络上的一篇文章，都可以用扫视阅读法进行刻意练习。

我们所说的速读一定是在理解内容的基础上去加快阅读速度，如果只是单纯的快读，读完了还是什么都不知道，那么不如不读。阅读速度和理解能力是相辅相成的，通常阅读速度加快，也会提升理解能力，让思维在快速阅读过程中得到锻炼；反过来也是如此，理解能力提升，自然而然会让阅读速度加快。

扫视阅读法适用于读难度不大的图书，比如轻松的小说、故事书或者讲的是自己比较熟悉的内容的书。

4.4　倒计时法：加快翻阅速度

麻省理工学院的一位教授做了一项研究。某个学期，他在两个班级讲授同一门课，在一个班级（A 班）中，他给每篇论文都规定了明确的提交日期；在另一个班级（B班）中，学生可以自行决定提交论文的时间。

学期结束后，教授发现B班的学生更自由，时间也更多，但其最终的成绩却低于A班。这就是我们常说的"截止时间是第一生产力"现象。虽然我们可能会因为截止时间的临近而感到紧张或不适，但实际上，截止时间可以帮助我们更有效率地完成目标。

密歇根大学的艾德伍德斯（Edwards）教授认为，阅读前必须给自己设定一个目标和完成目标的期限，这也是每个人必须掌握的重要生活技能之一。通常，一本250页的书，艾德伍德斯教授定的阅读时间是4小时。

读一本书之前，给自己设定一个阅读的时间目标，比如10分钟读完一节内容、30分钟读完一章内容，这种方法叫作"倒计时法"。用倒计时法阅读时，需要在规定时间内专注阅读，中途不允许做任何与该任务无关的事。剩余时间不断减少带来的紧迫感能加快我们的阅读速度并加大我们的阅读动力，甚至能激发我们的阅读潜能。

在未设定阅读的时间目标时，我们的效率一般是十分低下的，注意力很容易被分散，这是因为我们没有强大的内驱力来驱使我们按时完成阅读。

运用倒计时法设定阅读的时间目标有以下 3 个好处。

（1）帮助我们屏蔽垃圾信息，让我们专注于阅读本身。

当我们突然想看朋友圈、想看电视剧时，可用计时器提醒我们要避免产生非必要的中断，保持连续阅读。

（2）适当施加压力，增强紧迫感。

适当的压力有助于我们集中注意力，使我们更好地控制自己，避免过于放松，从而更好地完成任务。

（3）让我们产生挑战欲望。

设立目标可以帮我们产生挑战自己的欲望，即希望在单位时间里获得更多的阅读收获——当我们产生这种主观意愿，阅读效果就会不自觉地增强。

同时，我们也可以为自己设置一个奖惩机制。我们可以设立完成目标的奖励，比如买很想吃的零食，买一杯很喜欢喝的饮料。当然我们也要设置未完成任务的惩罚，比如必须总结失败原因。运用这个机制时，我们可以让他人监督，这样可以增强我们的紧迫感，提升阅读动力，帮助我们更好地完成阅读目标。

倒计时法操作起来也很简单，步骤如下。

（1）准备一个计时器，既可以是一个普通的闹钟，也可以是手机上的计时软件。如果用手机计时，就要注意通过开启静音或勿扰模式避免信息干扰。

（2）设置一个合理的倒计时时间。比如初次练习倒计时法时，可以从 10 分钟读一节内容（大概 3000 字）开始，不要把读一节内容的时间设置得过短，不然如果没有完成会降低阅读积极性。

（3）逐渐提升难度，比如开始时 10 分钟阅读 3000 字，后面提升到 10 分钟阅读五六千字，甚至更多。根据自己的实际情况设定目标，能有助于逐渐提升阅读速度即可。

艾德伍德斯教授认为，一次读完一本书的效果，远不如多次读完好。我们应该尽量避免一次读完一本书，因为相关研究表明，人的大脑神经有两种模式——专注模式和发散模式。这两种模式分别对应专注思维和发散思维。专注思维是指我们阅读的时候，专注于阅读的内容；而发散思维是指在我们放下书做其他事的时候，大脑会自动加工阅读过的内容，这个过程我们无法意识到，但是其效果会在未来体现出来。

奥克兰大学教授芭芭拉·奥克利（Barbara Oakley）认为，在阅读过程中，让专注思维和发散思维交替作用，效果才最好。因此，原计划 3 个小时读完的书，我们可以用倒计时法分成几次阅读，中间留一些时间给发散思维，以在保证阅读速度的情况下，提升理解记忆能力。

倒计时法适用于很多类型图书的阅读，我们可以在平时的阅读中多加运用。

▶ 第 5 章 如何在阅读时
保持专注

FIVE

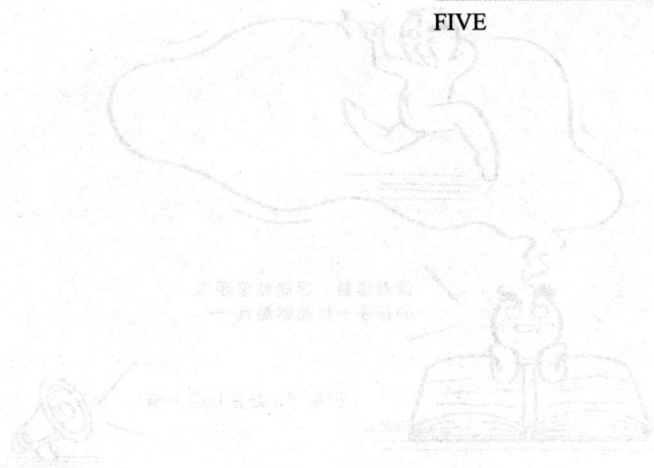

美国著名思想家爱默生说："专注、热爱，全神贯注于你所期望的事物上，必有收获。"阅读更需要全神贯注。很多人追求效率，习惯同时做两件事或多件事，再加上"信息爆炸"的干扰，导致许多人保持专注的能力日渐退化：阅读时，明明在看面前的书本，思绪却不知飘到哪里去了。针对在阅读时难以保持专注这个难题，我们可以用一些方法来解决。

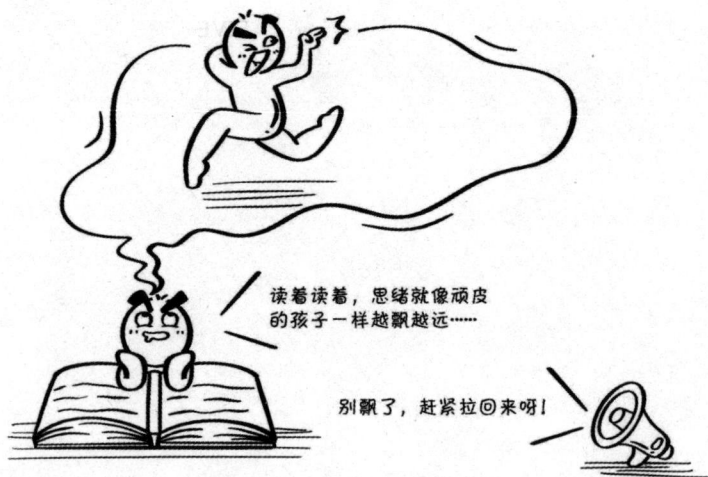

读着读着，思绪就像顽皮的孩子一样越飘越远……

别飘了，赶紧拉回来呀！

5.1　营造阅读环境："闹市"也能变"书房"

《地铁上的读书人》这部微纪录片以口述实录的方式记录了很多在地铁上读书的人，深受广大热爱阅读的人士的喜爱。这部微纪录片源自一位出版社编辑向北向北（豆瓣网名，后文简称"向北"）。

2018 年 2 月，在地铁上，向北看到一个男生在阅读《禅与摩托车维修艺术》，而她正好也对这本书感兴趣，于是默默拍下了那位读书人。她将照片发到网上后，居然引来不少人的关注。于是，她开始在每个工作日的早上，记录自己在乘坐地铁的一个多小时中看到的读书人。

3 年来，向北将这些读书人的身影放进网络相册《北京地铁上的读书人》，打动了数十万网友。在媒体的推动下，《地铁上的读书人》这部微纪录片问世，激励了更多人开启地铁阅读之旅。

本来保持专注阅读就很困难，更何况是在嘈杂拥挤的地铁上呢？阅读环境确实会对我们造成一定的影响，安静的环境更有利于提高阅读效率，但是无论在哪里，我们都能通过营造阅读环境来帮助自己专注阅读。在家里，我们可以打造更舒适的环境；在外面，比如咖啡厅、书店，也能通过一些方法将"闹市"变成"书房"。

1. 如何在家中打造良好的阅读环境

平时我们在家中阅读的时候是随便一坐或者随便一躺就开始吗？如果对环境不加选择，我们很可能看不了多久，注意力就会被分散。在家阅读可以注意以下几个方面。

设定阅读区域。家中最好有一个固定的阅读区域，这个区域要足够安静，以避免我们在阅读过程中被打扰。这会让我们形成一种意识：这个区域是专门用来阅读的，这样有利于我们快速进入阅读状态。

布置阅读环境。最好是有一个排列有序的书架、一张适合书写的桌子、一把舒适的椅子以及一些文具。

优化阅读条件。在明亮的房间中，心情会更好，也能避免产生压抑等不舒服的感觉。除了正常的照明灯，我们可能还需要一盏台灯，尽量选择光线柔和的。

去除电子产品的干扰。手机、游戏机等电子产品对我们的诱惑力实在太大，所以我们在阅读时，尽量不要让这些电子产品出现在我们的视野内。

2. 如何在咖啡厅、书店打造良好的阅读环境

在空闲的周末，在咖啡厅或者独立书店捧一本书，待一下午，是一件很惬意的事情。但是这样的地方不免有些喧闹，导致我们无法专注阅读。我们可以从以下几个方面进行改进。

环境的选择。选择安静一点儿的地方，虽然咖啡厅和书店中难免人来人往，但是角落的位置相对来说比较安静，更适合阅读，视野也更小，我们不太容易被分散注意力。

物品的选择。除了日常出行的用品，需要带一两本准备阅读的书，还有笔、笔记本和便笺。多带一本书的原因是，如果阅读中感到疲劳，可以换一本阅读。笔记本可以用来做读书笔记，便签可以用来做批注，方便之后查阅重点内容。游戏机和平板电脑就不用携带了，尽量将手机设置成勿扰模式或者静音模式。

图书类型的选择。社科类和小说类图书很适合在咖啡厅、书店里阅读，因为这类书大多需要我们细细品味或加以思考，而咖啡馆和书店本身自带一种悠闲的气氛，这种氛围更能激发我们阅读的欲望。

3. 如何在公交、地铁上打造良好的阅读环境

《2020 年度全国主要城市通勤监测报告》显示，超过 1000 万人的通勤时间超过 60 分钟。那么在拥挤的公交车或地铁上，我们是否也可以专注阅读呢？做好以下几个方面的准备就可以了。

选择合适的阅读工具。随着电子技术的迅速发展，除了读纸质书，我们还可以用 Kindle 等电子阅读器进行阅读，在微信读书、掌阅、得到等手机 App 上也可以找到市面上的大部分图书。

注意时间和安全。如果沉浸于阅读中，有很大可能会错过站点，我们可以使用地图软件的到站提醒功能。此外要注意安全，没有座位的时候要注意抓好扶手，太过拥挤或者颠簸时，可以暂停阅读。

有必要的话，可以戴一副降噪耳机，听一些舒缓的音乐，声音不用太大，或者不听任何音乐，只用来隔音。

只要我们善于为自己营造阅读环境，随时随地都可以坐拥"书房"。

5.2　橘子集中法：提升专注力

在波兰，曾经有个小姑娘叫玛妮雅，她学习时非常专心。无论周围多么喧闹，她都能专心看书。有一次，玛妮雅在看书，而她的姐姐和同学在旁边唱歌跳舞，玛妮雅就像没听见、没看见一样，依旧专心看书。

于是姐姐和同学想试探一下，看她究竟能专注多久。她们悄悄地在玛妮雅身后搭起了几把椅子，只要玛妮雅动一下，椅子就会倒下来。可是过了好久，玛妮雅都读完一本书了，椅子也没动。从此，姐姐和同学再也不逗她了，并且向玛妮雅学习，认真看书。

玛妮雅长大以后，成了一位伟大的科学家，她就是居里夫人。

纵观古今，拥有强大的专注力是很多人成功的重要因素之一。在当今这个移动互联网时代，我们一边享受互联网带来的便利，一边落入注意力破碎支离的陷阱。我们常常不停地看视频、微信消息，把注意力分散了。

注意力其实是可以掌控的，但是我们却经常放弃对它的管理，于是一条条热点新闻、热门短视频、不停闪现的消息把我们的注意力撕成碎片。

信息过剩，我们的注意力有限，如何在有限的时间里专注地阅读一本书，是许多人面临的重大课题。外界环境的影响，我们也许能轻易规避，比如将手机调为静音模式或关机，但是专注阅读真的就这么简单吗？

我们的大脑并不会轻易如我们所愿，如我们拿起一本书没读一会儿，大脑就会不听话，放任思绪飘到其他地方，"项目中的那个问题还没解决""客户还没回复我昨天的消息""明天的工作汇报怎么办"……总之就是不让我们集中注意力阅读。

使用国外学者提出的"橘子集中法",可以有效提升专注力,并且提升阅读效率。该方法中提到,在阅读时,"固定注意力"的理想位置是后脑勺的上方。而橘子集中法就是将注意力固定在该位置,使身体能立刻进入"精神集中的放松状态",其操作方法如下。

(1)把要看的书放在面前,闭上眼睛,挺直背脊,从头顶到脚尖感受自己的身体,放松,以平缓的节奏呼吸。

(2)想象你手中有一个橘子,并感受其重量、颜色、质感和气味。

(3)想象抛起橘子,用另一只手接住,然后再抛回原来的手中,就像玩丢沙包一样,在两手之间来回抛五六次。

(4)用惯用的手把橘子放在后脑勺上方 15 ~ 30 厘米的地方,并与大脑成 45°,如下页图所示。用手轻轻触碰那个地方后放下手,放松全身,想象橘子还在后脑勺上方。

(5)继续闭上眼睛,感受身体和精神状态的变化。在放松的同时,精神也会集中。即使闭着眼睛,视线仿佛也在不断地延伸。

约15~30厘米

45°

（6）保持精神集中的放松状态，然后睁开眼睛，开始进行阅读。

这种方法可以让注意力固定在后脑勺上方的某一点上。有的人可能因为是第一次学习这种方法，练习时比较刻意，达不到原本该有的效果，但是多加练习就会越来越轻松地进入专注状态；也有很多人尝试后说，他们的视野扩大了，眼睛也变得更灵活了，甚至一眼能看一条短句或整个长句。

刚开始使用橘子集中法的时候，我们需要有意识地将

"橘子"放在后脑勺上方。这样做几次之后，不管阅读什么文章，我们都会条件反射般地将注意力固定在后脑勺上方的位置。阅读中不需要一直注意这个"橘子"，因为"固定"注意力后，即使忘了"橘子"的存在也没问题，有时候忘了"橘子"说明更专心了。

许多研究结果显示，身体放松但是精神集中，是人类最能发挥自身潜力的状态，有利于我们在阅读中忘我地吸收知识，和作者对话。橘子集中法操作简单，效果较好，不仅适用于阅读，还适用于其他各种需要保持专注的场景。

5.3　辅助工具：巧用小工具，轻松掌控注意力

华中理工大学曾经专门设计过实验研究中文的阅读速度。被试群体为 40 位大学生，实验的主要内容是阅读一篇 2326 字的社论文章。最后得出的实验结论是，被试群体的平均朗读速度为 309 字 / 分钟，平均默读速度为 592 字 / 分钟。

这个实验结果说明，许多成年人的阅读速度是 300 ～ 600 字 / 分钟，而有些熟练的读者甚至能达到 1000 字 / 分钟

的速度。如果我们的阅读速度低于 300 字 / 分钟，原因很可能就是阅读时不够专注，需要我们提升专注力，从而加快阅读速度。

快读和专注是相辅相成的，专注能让我们的阅读速度更快，理解能力提升；阅读速度加快反过来也会让我们的专注力提升，因为阅读速度太慢，大脑就更有可能被其他事物所吸引。

一个 9 岁女孩的爸爸要求她阅读时不出声，尝试让她用一根铅笔，读到哪里就指到哪里，这居然调动了她的阅读兴趣。之前她只能持续阅读 5 分钟，加入一根铅笔作为"引导物"后，她能持续阅读 15 分钟。

经过约两周的训练后，她习惯了只用眼睛阅读，不仅能持续 60 分钟专注阅读，阅读速度也达到 800 字 / 分钟，也就是说，一本约 10 万字的书，她只需要约两个小时就可以读完。这样的阅读效率，对于一个 9 岁的小孩来说十分难得，甚至超过了大部分成年人的水平。

我们在阅读过程中，也可以像这个小女孩一样利用一些简单的小工具来帮自己集中注意力。

1. 笔

当我们阅读时出现视线渐渐不能聚焦的情况，说明我们的注意力已经在不知在不觉中开始分散了，这时我们就需要一支笔来帮自己集中注意力继续阅读。

首先，以平时正常的速度阅读，同时让笔尖在一行字的下方从左到右滑动。这是在用笔引导我们的视线移动，让视线和注意力保持在阅读的内容上。

接着，在保持正常速度阅读了一两页内容后，适当加快速度继续阅读，注意速度不要一下子提得太快了。这样慢慢习惯后，阅读速度会自然而然地提高。

最后，在阅读速度保持在 500 ～ 800 字 / 分钟时，就可以放下笔了，因为这时不用引导也能专注并且较快地阅读了。

一般情况下，也可以用手指代替笔进行视线引导。

2. 番茄钟

20 世纪 80 年代末，弗朗西斯科·西里洛（Francesco

Cirillo）在大学生活的头几年里一直很苦恼，因为他的学习效率低下。于是他和自己打赌说："我能不能真正学 10 分钟？"他找到一个厨房用的计时器——番茄钟，如下图所示，最后他赌赢了，并于 1992 年创立了"番茄工作法"。

将番茄工作法应用在阅读中，可以有效提升我们的专注力。通过限时阅读，比如一次坚持阅读 25 分钟，我们会在潜意识中想要抓紧时间阅读，从而保持专注且高效的阅读状态。

3. 便笺

便笺的用处有很多，最常见的是当作书签用，比如在阅读中断的时候在所看之处放一张便笺。如何用便笺帮自己保持专注呢？

阅读时，读到某处很有意思的内容，想要单独将其记下来或者深入研究，我们就可以先放一张便笺（可以写上关键词）在此处，然后继续阅读，如下图所示。不要随便打乱阅读的节奏，否则很容易分神，重拾专注力也是一个困难的过程。

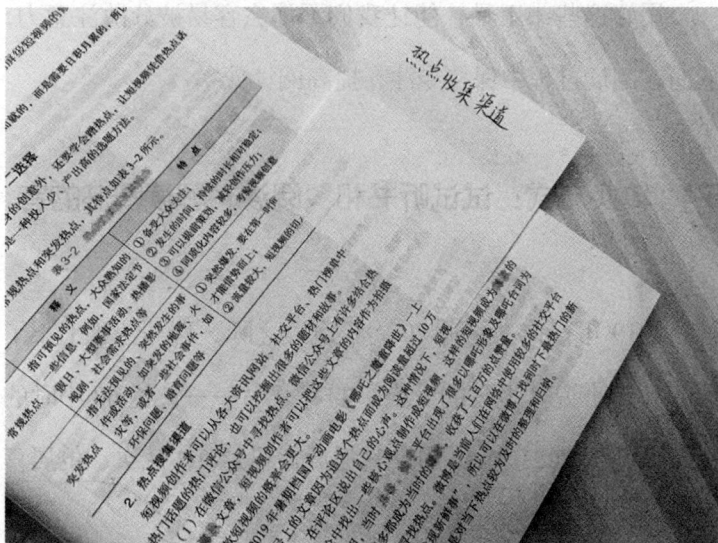

便笺也是做笔记的好工具，阅读中有比较好的灵感可以随手用便笺记下来，放在相应的位置，以利于后续复习研究。

如果条件允许，可以选择用不同颜色的便笺标记不同类型的内容。比如"金句""案例""方法"等内容，可分别用不同颜色的便笺标记，方便后续查阅。

此外，在运用番茄工作法的时候，我们可以用便笺来记录时间。

用好这些小工具，能让我们不那么容易被分散注意力，从而在阅读过程中保持专注，提高阅读效率。

5.4 转换方式：试试听书和"阅读"解读图书的音视频

2019 年，作家路遥 70 周年诞辰之际，喜马拉雅上架了他的长篇小说《平凡的世界》的有声书——长达 60 小时的音频。截至 2021 年 12 月，其播放量已达 2.7 亿次，位居喜马拉雅畅销榜前 20 名。

　　中国新闻出版研究院发布的第十八次全国国民阅读调查结果显示：成年国民有声阅读规模持续扩大，听书介质日趋多元化。2020 年，我国有 31.6% 的成年国民有听书习惯，较 2019 年（30.3%）提高了 1.3 个百分点。

　　书不仅可以看，还可以听。不到十年时间，用耳朵"阅读"——听书，逐渐成为一种新的阅读方式，而且听书方式也随着各种新媒体的发展而不断丰富。

　　根据第十八次全国国民阅读调查，有 17.5% 的人选择"移动有声 App 平台"听书，有 10.8% 的人选择用"微信公众号或小程序"听书，有 10.4% 的人选择用"智能音箱"听书，另外有 8.8% 和 5.5% 的人分别选择通过"广播"和"有声阅读器或语音读书机"听书。

　　随着智能设备和移动互联网技术的迅猛发展，听书基本不受时间、空间的限制，越来越多的人开始养成听书的习惯。在日常生活中，我们有些时候无法专心看书，那么就可以选择听书，比如在通勤的路上，可以选择听书度过这段时间，入睡前可以听一本书帮助入眠，早上起床后可以边梳洗边听书。

听书有利于提升我们的专注力。因为对于听到的内容，大脑会加工形成影像，我们就会自然而然地集中注意力。尤其是当我们听一些小说的时候，大脑就会像播放电影一样根据听到的内容产生画面。

不过，并不是所有书都适合听，像那些叙事性较弱、思辨性较强的内容，听起来不利于思考，我们就很难有成就感。如果我们选择自己很喜欢，并且是期待已久的书来听，我们会格外迫切地想要知道这本书的内容，于是会更加专注地去听，长时间如此，还能锻炼我们的专注力。反之，如果我们选择一本枯燥乏味的书，听书时很可能分神。

除了听书（听完整的一本书），还可以"阅读"解读图书的音视频，这类音视频时长一般 20 分钟左右，内容是讲解一本书的主要内容。这种快餐式的"阅读"方式具有明显的碎片化特性，会在一定程度上影响我们阅读的深度。

目前网络上解读图书的音视频质量参差不齐，因为这类音视频不能呈现原书的全貌，而是首先经过加工，把原书的主要内容、精华以及解读者自己的一些理解，综合整理成解读稿件，然后根据解读稿件录制而成。

很多热爱阅读的人反对这种快餐式的"阅读"方式，因为非系统性的阅读一方面会让我们丧失一定的独立思考能力，另一方面会造成一种错觉，即以为自己摄入了足量的信息，但其实精华内容都在原书中没被挖掘出来。有的音视频只是简单地搬运和复制，甚至断章取义或错误解读，将一本好书拆解后看似留下了中心思想和主要框架，却使我们逐渐失去了完整阅读的能力。

是否所有的解读图书的音视频都不值得"阅读"呢？并不是，好的音视频可以辅助我们阅读，运用好的话，还可以提升我们阅读时的专注力。

首先，如果对一本书感兴趣，我们可以先去听相关的解读音频或看相关的解读视频，了解其主要内容，这样可以帮我们判断这本书自己是否感兴趣或者是否有用。如果觉得这本书有价值，我们就可以进行完整的阅读。通常在了解主要内容的情况下，我们会对全书的内容比较熟悉，读起来更轻松、更专注，从而可以提高阅读效率。比如想读上海译文出版社出版的《女性贫困》，可以在一些平台上先看一下解读视频，再判断是否完整地阅读。

其次，对晦涩难懂的书，我们如果先"阅读"一些解读图书的音视频，会更了解读懂这本书所需的信息。有些书难懂是因为我们对图书内容的背景不了解，或是因为文字过于书面化或者翻译得很生涩，这类音视频则很好地解决了这些问题。比如很多人表示读不懂意识流小说《尤利西斯》，那就可以先"阅读"解读它的音视频，对小说的写作背景和涉及的相关知识有一定的了解之后读起来会更容易。

最后，如果我们在读完一本书后，对其内容不是很理解，想要深入了解这本书的思想主旨，也可以通过"阅读"这类音视频的方式加深理解，从不同角度去理解这本书。比如梭罗的《瓦尔登湖》，要想完全读懂其中的人生哲理有一定的难度，阅读后再"阅读"一些相关的解读音视频，就可以像和其他读者交流心得一样，形成更深刻的见解。

　　此外，"阅读"解读音视频可以多找几个版本对比，这样能避免陷入解读者的局限或片面之中，从而更加全面地理解一本书的内容。

　　无论是听书还是"阅读"解读图书的音视频都具有通俗的特性，有利于普及和推进全民阅读。利用好这些新型阅读方式，对我们养成专注阅读的习惯有一定的积极意义。

▶ 第 6 章　如何实现阅读变现

SIX

日本作家山口周在《阅读变现》一书中说："读书，就是付出我们有限的时间和金钱去投资，从中获得丰厚的人生回馈的一种投资行为。"说阅读是低风险高回报的投资并不为过，阅读带给我们的力量是无穷的，甚至能直接助力我们的工作和生活。学会将阅读变现，可以把阅读的价值最大化。

6.1 朋友圈文案：在朋友圈打造学习型"人设"

在 2019 年的某堂微信公开课上，张小龙说，用户的朋友圈就是对外展示"人设"的地方。他认为每个人的世界不一定都是美好的，起码不是时时刻刻都美好的。"朋友圈 = '人设舞台'"是一个既定事实。想让别人感觉你是一个什么样的人，本质上就是在打造自己的"人设"，不论是有意还是无意的。

《不急不吼，轻松养出好孩子》是由何小英、魏华、李丛三人合著的一本亲子家教书，口碑一直很好。很多妈妈看了这本书之后，非常有感触，就主动发朋友圈分享："过去养孩子，孩子不听话时，我一着急就吼，但心里也难受，现在看了这本《不急不吼，轻松养出好孩子》，才发现好孩子不是吼出来的，不是打出来的，其实是用科学的方法教出来的。"

其他妈妈看到这条朋友圈后，就评论说想看这本书，并问在哪里买。朋友圈是一个很好的让人"种草"的场景，比如分享一件产品，真诚地提供一些使用方法，说明其使用效果，也许就会有人产生购买意向。

作为阅读爱好者，如果我们能给自己打造一个学习型"人设"，那么在朋友圈分享图书或其他知识型产品，就很容易让别人"种草"，从而进行购买。

学习型"人设"主要塑造的是在一个或多个领域传播知识、经验的专家形象，打造这样的"人设"其实并不难。

比如我们的朋友圈里面，一些人每天"晒"各种各样有趣的书，分享在书中看到的有趣的见解，就能逐渐得到他人的信任。

阅读一本书后可以发布一些短评。短评有以下几种形式。

（1）总结这本书的核心观点，让别人快速了解这本书，如下图所示。

2022年星读书打卡 - Day7

这是一本写给"普通人"的书，但由于作者的起点比大多数同龄人要高（2014年，24岁年入███），因此书中的内容会让人感觉借鉴性不是很强，主要是会让人感到比较遥远。

不过，如作者所说，"在财富累积的旅途中，耐心是最有力的武器。"这样一想，财务自由的目标也并非遥不可及。

关于积累财富，作者提出，对于还在财富积累阶段的年轻人来讲，更好的顺序是"存、用、赚"，而不是"赚、用、存"，这个思维还是可取的。

另外，书中关于消费理念的部分，我认为讲得很科学。半年来，我在███优化了许多，节省了不少钱。████。

——《财务自由第一课》

（2）就其中某一个观点，引申出自己的一些理解，如下图所示。

泡脚的工夫，我读了几页《沟通的方法》，里面有个沟通框架：

认出情绪 → 确认事实 → 明确行动。

看到这部分叙述时我感到很欣慰，因为我也是这么想的。如果不先疏通情绪，不仅沟通效果会大打折扣，还会产生负面影响。

比较反感的一个词语是"就事论事"，表面上看是想体现自己公平公正，事实上天平已经倾向其中一方了，才拿这句话来遮掩。

在沟通中，多多看见别人的情绪，然后表达接纳，接着确认事实，最后明确行动，让自己不受别人情绪影响，顺利达成沟通目标。

（3）写自己与这本书或作者之间的故事，如下图所示。

2022年星读书打卡 - Day8

在老友不断地启发下，终于下定决心读一读"无用"的经典。第一本选《罪与罚》，老习惯——先看豆瓣短评。

这篇短评让我迫不及待想要进入小说所描绘的世界里一探究竟。

（4）发布自己的阅读推荐、点评，进行打分，甚至做成系列话题，如下页图所示。

今天读了一本理财类的书。

写得蛮好的。好在他像是知道读者在想什么，文字读起来就像是一问一答的感觉，让读者在读的过程中，对金钱的疑惑逐个解开，受益颇多。

我认为，非文学专业的人写书，能写到这个程度，已经很不错了。

继续说这本书的内容，里面有非常多关于金钱的观念、花钱的技巧以及赚钱的方式，总之干货很多，值得定期阅读和实践。

与我们都熟悉的《小狗钱钱》《有钱人和你想的不一样》等理财方面的书籍相比，我认为这本最值得读。

打造学习型"人设"是在我们有真实阅读经历的基础上进行的，这是一个长期的过程，我们不必太着急。另外，**不能弄虚作假，否则早晚有"翻车"的一天。**

那么，在打造了学习型"人设"之后，我们如何通过朋友圈进行带货变现呢？这是需要遵循一些原则和规律的。

1. 真诚

真诚是指自己确实读过，觉得好才推荐。比如你在文案中写，你读了一本情绪管理类的书，身边的朋友和家人都说你现在能更好地掌控情绪，人际关系肉眼可见地变得更好了。

2. 可信

可信是指你的专业度，包括你的学习背景、工作经验或其他经历是与书的内容相关的，或者你在相关领域有一些成绩。比如有法律专业背景的人分享一本法律相关的书。

3. 有启发

有启发是指你的文案能让人有新的认知收获，可以摘录一本书中的实用技巧、金句等。比如分享《秒懂视频号》一书中视频带货的 4 个技巧。

4. 时间安排

选取一些大家有空看朋友圈的时间段发布，这样更容易让大家看到你发的文案，比如早上的上班高峰期 7:00—9:00；午休时间 12:00—14:00，下班高峰期 18:00—19:00，晚上的放松时间 20:30—22:30。

如果你平时喜欢读书，朋友圈相关文案满足以上要求，就很容易树立起学习型"人设"，更容易在相关领域获取他人的信任，甚至会有人专门来向你咨询相关问题。

解决了打造学习型"人设"与设计和发布文案的问题，带货怎么操作呢？产品从哪里来？

其实现在市场上有很多种分销形式，涉及囤货、售后、佣金等，研究起来又是另外一门学问。当然，也有无须囤货，无须参与售后，佣金相对较高，并且选品有保障的渠道，如秋叶书友会，这是由知识 IP 秋叶花费两年时间，打通各个关键点从而建立的独家图书供应链。如果想要加入这个分销供应链，可以先报名参加秋叶图书变现营，学习如何进行图书变现。关注公众号"秋叶书友会"，发送关键词"图书变现"可了解详情。

6.2 写书评：掌握方法，书评快速变现

一位家庭主妇在阅读一本著名长篇小说后，写了 60 多篇书评，累计收入将近 6 万元，这让很多阅读爱好者对写书评跃跃欲试。虽然写书评并不是一份固定工作，但是它

是公认的一种变现方式。

那么，书评究竟是什么呢？书评是以图书为客体，以个人的评价为主体，通过介绍和评论而形成的一种文章，和书一样属于精神产品。但是书评不同于我们上学时常写的读后感，读后感以人为主，而书评以书为主。

写书评就是阅读变现的一种方式。估计很多人不相信阅读可以变现，或者说不了解怎么通过阅读变现。但在自媒体崛起的时代，一切皆有可能。

一般来说，书评投稿的渠道有 3 个：平台搜索、编辑约稿和社群约稿。如果我们想写书评投稿，既可以直接去 QQ 群或豆瓣搜索"书评"，也可以多关注一些出版社的信息，加入一些书评群，就会有很多书评约稿。选择渠道后，按照不同平台的要求提交书评约稿申请即可，这通常需要一份自我介绍、一份过往书评写作样稿。

很多出版社会举办"免费送书约评"的活动，参与者只需要读完书，按要求完成一份 500 ～ 1000 字的书评。刚入场的新人一般没有报酬，但是可以得到免费的书，相当于省了一笔买书的费用。如果我们能长期提供高质量的书评，可能就会有出版社直接邀约我们写付费书评。一篇优质书评的稿酬从 100 元到 1000 元不等。

图书的类型不同，写书评的方法也不同。通常来说，书评分为 3 种类型。

1. 对于小说、散文、随笔、自传类图书，写书评需强调感悟部分

（1）简要概括整本书的内容。

（2）指出作者是谁、有哪些成就。

（3）说明这本书是在什么样的背景下完成的。

（4）总结一些重要的情节或观点，指出其是在揭示或表达什么，与作者本人的经历之间有什么关系。

（5）说明自己有哪些感想、启发、联想。

2. 对于技能、工具、方法论、干货类图书，写书评需强调书中的内容能如何解决问题

（1）说明自己遇到了什么问题，有什么烦恼。

（2）给出书和作者的简要介绍。

（3）说明如何用书中的内容，应对并解决了问题。

（4）由点到面，对全书做一个整体评价（出版意义、优缺点、推荐人群等）。

3. 对于心理、经济、管理、社科类图书，写书评需强调观点分析

（1）表明自己在生活、工作中遇到的某种现象或问题。

（2）说明这本书给出的相关解释、观点、方案，提供作者简介。

（3）结合所见所闻进一步延伸、剖析和验证。

（4）由点到面，对全书做一个整体评价（出版意义、优缺点、推荐人群等）。

找一两种比较擅长的类型，多加阅读，勤加练习，相信我们也可以通过写书评变现。

写书评有 6 种方式或角度，我们可以自我判断，越是用靠后面的方式，越容易通过写书评变现。

第一种：记录书里的金句、观点、案例，相当于复述作者的想法。

第二种：梳理书的框架，整理出思维导图，相当于复盘作者的逻辑框架。

第三种：结合书里的知识点，用自己的或自己观察到的案例去印证作者的观点，开始进行内化，这个阶段输出的文字开始有可读性。

第四种：用批判性思维去分析这本书好在哪里，不好在哪里，站在和作者一样的高度去评判这本书。

第五种：用产品经理思维评估这本书到底怎么样，哪里出了问题，哪里很优秀。

第六种：用营销经理思维思考怎样写才可以让读者愿意买这本书，经过我们的引导，读者认可我们的推荐。

我们生活在一个信息化的时代，其好处就是**我们输出的信息可能给自己带来机会和财富**。读书给了你"输入"，你直接输出就可以，这是一条捷径。有信息价值的长书评被你写出来后，它不光有你自身的流量，还有书本身的流量。你把书评发到各平台以后，就会有人看，这些人看书评的时候会对你产生兴趣，这就形成了社交。这篇书评里有你的思想和智慧，因为你是通过书生发思考；同时，你又站在巨人的肩膀上，书评里还有书的作者、书的编辑的思想。这让你更有优势，可以获得更多的流量。

6.3 读书短视频：用 500 字成就优质短视频

2018 年 10 月，果麦文化在抖音开设了账号"好书博物馆"（现更名为"果麦书单"），一个月内粉丝从 0 涨到 100 万，一套《诗经》在短短 3 小时里卖了 5000 本，直接断货。这样一本公版书短时间内能有如此销量，在出版界是惊人的，在抖音卖书也引起了出版界的广泛关注。

和"花几天时间写营销推文，发在微信公众号上获得几千阅读量，最后只能卖几十本书甚至几本书"相比，短视频营销这种新方式所展现出来的带货潜力更大。

随着短视频迅速发展，短视频创作的需求量也日益增大。由于用户很少能耐心看完时间长的视频，所以口播稿的字数需要控制在 500 字左右，不宜过多。口播稿一般对文笔要求不高，需要的是通俗易懂和能抓住用户心理。

通过短视频介绍书的方式有很多种，这里分享几种简单易上手的方式。

（1）直接读一本书的原文，读的内容要经过选择，既可以是一些重要章节，也可以是书中的一个精彩故事。现在用心读书的人不算多，所以用这种简单的方式也能"吸粉"甚至促成交易。

（2）整理书中的金句，比如情感语录、个人成长语录。这种句子容易引起用户的共鸣，其内容好的话，短视频的效果也不会差。

（3）分享干货知识，要么旧知新读，要么分享大家不知道的新知识，这样才能激发用户的观看兴趣。

读书短视频的口播稿类型多种多样，其中数带货类型的口播稿难度最大，其效果往往直接决定带货数量。我们用口播稿介绍一本书，需要做的是找到这本书的话题痛点、特点，它能解决什么问题，以及如何在短视频中对书进行展示。经过分析发现，优质带货短视频的口播稿有以下规律可循。

（1）首句吸睛：用一句话抓住用户的注意力，可以是痛点、场景、金句或者能引发用户思考的问题。如果用户对首句无感，那文案就是无效的，用户可能都不会看完这个短视频，更不用说去购买推荐的产品了。

（2）破题承接：通过展示一个痛点场景去解释首句，可以对比"高手"和"普通人"的做法，让用户看到"兴奋点"，从而有兴趣继续看下去。

（3）导入图书：推荐图书，用一句话说明推荐理由。

（4）介绍图书：一边翻书一边介绍书里的精华内容，让用户觉得读了就能用到。注意强调这本书能解决哪个方面的问题，有什么样的效果，说得越具体越好。

（5）强调受众：告诉用户，这本书适合谁读，让用户意识到这本书就是帮他们解决问题的。

（6）引导下单：用具体的价格描述，比如用"买一杯咖啡的钱"体现不贵，但是带来的改变很大，从而引导用户下单。

短视频中产品的卖点并不是多多益善，因为刷短视频的人多是为了娱乐，他们通常不会花精力去记住一个产品的众多卖点，所以找出核心的 1 ～ 3 个卖点即可。"简洁、易懂和有用"是用户产生购买欲望的最大驱力。《视频号运营》的"带货"短视频如下图所示，扫码即可观看。

扫一扫，观看视频

怎么通过短视频变现呢？要知道，这个时代流量稀缺，短视频平台风起云涌，但是无论怎么变，用户看重的始终是内容。选择一个或多个平台做读书博主，从而积攒自己的私域流量，打造个人品牌，是比较好的选择。

每个平台都有各自的特点，其商城和分销功能也日趋完善。读书博主变现的方式有很多种，比如接广告、带货赚佣金、用户打赏等。读书博主一般通过定期发布读书相关短视频打造读书型"人设"，从而吸引到精准粉丝，后期就可以进行重点书的推广营销。只要我们的内容足够好，粉丝多且黏度高，出版社或发行公司自然会主动联系我们开展商务合作。

紧跟短视频的浪潮，就是掌握了"流量密码"。我们可以将读书这个爱好利用起来，既为自己赚得一份收益，又提升自己。利用短视频做读书博主，是热爱阅读的人实现阅读变现的好机会。

6.4 讲书：大平台也需要讲书稿

不难发现，随着生活节奏越来越快，不少人已经不愿意花大量的时间读完一本书，而是愿意花二三十分钟听完一本书。对于没有办法读书的人，其实听讲书是一种新型的学习方式，值得推广至全世界，让有需要的人们获得一些科学知识，丰富精神世界。

说到讲书，就绕不开讲书稿。讲书稿是作者在**阅读完一本书之后，把该书掰开揉碎，归纳精华内容形成的文字**，能帮助大家理解书的内容。一般来说，讲书稿的基本要求是语言口语化，方便讲书人录制讲书音频和听众理解。此外，它还要求人们听完之后不需要再读原书，就能掌握这本书的核心内容。

在 2017 年讲书刚兴起的时候，讲书稿不仅需求量非常大，而且有的甚至价格高到一元一个字，而一篇讲书稿多为 5000 ～ 10000 字。一个作者如果看书快，写稿快，那么一个月收入上万元甚至更多都有可能。

那么讲书稿该怎么写呢？讲书稿的写作方式和普通文章不一样，有严格的要求。我们要把讲书稿当作一种产品——有严格的生产标准，还要考虑用户需求，有一定的服务意识。

另外，写讲书稿既不能写成原文摘抄，也不能写成书评或读后感，更不能过于主观地评论书中内容，这个尺度一定要把握好。讲书稿的目标是原汁原味地呈现书的主要内容。

并不是自己喜欢读什么书就可以为其写讲书稿，因为平台会优先选择那些本来就畅销或者有潜力的书来录制讲书音频，所以，最好根据平台给的选题来写讲书稿。如果需要自由选书，那么可以通过以下 3 点来判断该书是否有潜力。

（1）价值：讲这本书能够给听众带来什么价值，解决什么问题？

（2）评价：这本书是否值得推荐？它的评分如何？是否有专业人士推荐它？

（3）支撑：我是否有基本的框架、故事、素材能与这本书连接？

一本书有价值、评价好，我们也有一定的专业积累，在此基础上写出的讲书稿更受市场欢迎。

选好书之后，务必先写一个大纲，理顺讲书稿的逻辑，然后就可以开始写讲书稿。讲书稿通常有固定的结构，我们可以按照以下6个步骤练习写作。

（1）开篇暖场：用故事、案例、金句或者数据引入主题。

（2）明确目标：指出通过了解这本书，读者可以获得什么。

（3）兴趣导入：说明这本书的内容和我们自身的联系。

（4）本书概况：简单介绍一下书的作者、写作背景等。

（5）内容解读：介绍书的逻辑主线，重点阐述主要观点。

（6）总结回顾：总结一下书中的重要内容，发表自己的观点。

写完之后，搁置一段时间，然后通读一遍，更容易发现不通顺或者有语病的地方，以便及时修正。新手如果不知道如何下笔写讲书稿的话，可以先研究几个平台的样稿，以及同类型书的讲书稿，找到写讲书稿的感觉。比如，得到 App 的"听书"板块已经越来越完善，其听书产品就是讲书音频，而且覆盖大部分知名图书，音频时长一般为二三十分钟；还有樊登读书中的讲书音频，因为樊登会有一些个人解读作为补充，所以时长通常为 50 多分钟。

研究几篇讲书稿后，我们会建立起自己的一套讲书稿写作方法，这样我们写讲书稿会越来越快。

而讲书稿的投稿渠道也有很多，比如国内一些知名的读书会，包括麦家读书会、樊登读书会、慈怀读书会、语人读书、十点读书等，还有一些读书平台，如有书、喜马拉雅、中信书院、得到、懒人听书等。不同的平台，其主攻的书籍类型不一样。比如樊登读书会，偏向讲致用类的书籍，把精华展示出来；比如得到，以讲人文、历史、社科、思维认知类书籍为主。

一般所有的平台都公示了投稿方式，我们可以通过邮件与其取得联系。邮件有 3 个必备要素：样稿、自我介绍和选题书单。

写讲书稿不仅可以让我们实现变现，同时这种输出也是一种有效的学习方法。一举两得，何乐而不为！

6.5 读书会：用社群思维读书，让影响力越来越大

《礼记·学记》中有一句"独学而无友，则孤陋而寡闻"，原本是探讨如何学习的。一个人如果独自学习，无论多么用功，都会有狭隘的时候。如果不和他人互相交流，久而久之就会导致自己思想闭塞、孤陋寡闻。

人其实是群居动物，渴望获得他人的认同。我们阅读完一本书，内心是想要和他人分享的，这也是"读书会"的由来。分享一本书的过程也是寻求认同的过程，是扩大个人影响力的过程。

参加读书会对于个人来说利大于弊。首先，读书会能增强一个人的读书动力，因为参与感会让我们产生适度的

紧张感，从而增强我们的进取心和专注力。其次，别人阅读的书可能是自己不知道的，与别人沟通就是拓展视野的好机会。最后，参加读书会有助于我们加深对一本书的理解，因为和他人一起讨论共读，会发现不一样的思考角度，让自己有更多阅读收获。

当下的读书会，形式已经不局限于一群人围坐在一起，以一本书为主题，大家发表各自的见解。读书会的概念如今已经变得越来越丰富，它越来越多地在线上进行，既可以是共读群、阅读打卡群、领读群，也可以是学习小组。总之，我们既可以在图书馆、咖啡店现场加入一场读书会性质的讨论和分享，也可以在各种线上平台分享我们的阅读心得。

在推广全民阅读的浪潮之下，读书会也成为一种知识付费的活动，而我们都可以在这场浪潮中，通过读书会来变现。

读书会聚集的通常是热爱读书且有消费能力的人群，根据不同的读书倾向，社群的组成会更加垂直精准。在这个前提下，无论是开展社群电商营销，还是针对垂直人群的需求引导其进行更高阶的知识消费，都有很大潜力。

读书会吸引一个人的点通常有 3 个：情感慰藉、互动快乐和现实利益。因此，我们在建立一个读书会前，需要想清楚几个问题：我们能给别人带来怎样的情感慰藉，以致他们"欲罢不能"？我们能给别人分享怎样的快乐记忆，以致他们渴望再来？我们能给别人创造怎样的利益回报，以致他们期待更多？

根据不同的需求，读书会可以简要分为 4 种形式。

（1）以一本好书为中心，吸引一群读者一起阅读的共读社群。

（2）以互相监督阅读、养成阅读习惯为宗旨，从而建立的阅读打卡社群。

（3）某人领读一本书，大家跟随领读者的进度读完一本书，从而形成的领读群。

（4）通过拆书和讲书，汇集一群有知识输出或者输入需求的人，从而形成的讲书群。

至于我们如何通过读书会变现，方式很多，常见的就是依托于知识付费收取会员费，或者发展分销体系，让会员能够一边阅读一边赚钱。

读书会的规模并不是越大越好，需要我们根据运营能力、产品种类和能调动资源的多少来决定。在条件还不够成熟的情况下，服务好一个小的读书会是比较好的选择。初次尝试做读书会，大概分为以下 4 个步骤。

（1）确定读书会的定位、主题书单、收费情况。比如：秋叶书友会开展免费共读活动，共读书目为《抖音思维》。

（2）确定读书的活动排期，以及提供的服务。比如活动为期一个月，时间为 2022 年 3 月每周六 20：00（3 月 5 日、12 日、19 日、26 日），活动的具体形式是在微信群里共读两章内容，并自由讨论交流。

（3）编辑读书会宣传文案，通过朋友圈和已有社群进行发布，招募书友。文案示例如下。

为什么在互联网的大浪淘沙中，有的人备受关注，有的人却渐渐无人问津？拉开差距的是什么？答案是思维。授人以鱼不如授人以渔，秋叶的《抖音思维》这本书打通了抖音运营的底层思维，是货真价实的"渔"。秋叶书友会3月即将开展《抖音思维》免费共读活动，欢迎对新媒体感兴趣的朋友报名参加！

（4）建立读书会社群并运营。也许刚开始的时候，要从免费做起，招募到的书友并不多，但是人们对于体验过的事情，认同度会更高，也更愿意向朋友推荐。所以只要我们用心做好每一期读书会的运营，让书友有收获，有归属感，那么口口相传，我们的读书会社群就会越做越大，影响力也会越来越大。

总之，阅读不仅是个人私事，它离不开我们和作者的精神交流，也会让我们在和他人的交流中，收获更多的知识。以阅读为介质，连接我们和这个世界，让我们在社群中逐渐扩大自己的影响力，不断实现阅读变现，才是阅读带给读书之人最实在的意义。

书评：学会情绪管理，是我们送给孩子最好的礼物

作者：嘉巍，一位热爱美食的HR，秋叶写作训练营第25期学员

你有没有被孩子逼得想大发雷霆的时候？

有没有一不小心把自己的情绪垃圾全倒给孩子的时候？

有没有骂完孩子又后悔且自责不已的时候？

……

昨晚，我在给上小学二年级的女儿纠正英语发音，我俩都坚持自己的发音是正确的。她边哭边说，老师就是这么教的，自己的发音是对的，而我觉得她的发音分明就是错的。

她为什么那么犟呢？为什么就是不听我的呢？

于是，从争吵发展到动手。那一瞬间，我热血上头，没忍住动手打了她一巴掌。

她委屈地哭了，而我也躲在窗台边上偷偷抹眼泪。

我们都想要做一个温柔而坚定的妈妈，却无数次在吼完孩子后内疚自责。

我们明明知道有些话说出去伤人害己，却还是在盛怒之下脱口而出。

伴随着孩子睡熟后都还在抽泣的声音，我怀着十分愧疚而又复杂的心情，拿起枕边的《掌控情绪：别让坏脾气毁了你一生》再一次读了起来。

本书作者胡明瑜老师研习国学和心理学 10 余年，拥有大量的理论知识和丰富的实战经验。她在书中提到，情绪是用来感受的，它从来不说谎，但发泄情绪是本能，管理情绪才是本事。情绪管理好了，身边的人也会受益，特别是在亲子教育中，父母首先要掌控好自己的情绪，才能让孩子在爱的氛围中成长。

一个情绪不稳定的妈妈对孩子的影响有多大

2021 年 12 月 12 日，抖音上的一个视频火了。

辽宁大连某游乐场内，一个三四岁的小女孩在场内尿了裤子。

妈妈不顾旁人劝说，大声斥责自己的女儿。

小女孩惊慌失措地望着妈妈，想上前抱她，刚伸出的双手又缩了回来。她不知道妈妈为什么会反应这么大，想大声哭，但迫于妈妈的责骂，只能伤心地抽泣。

看到这一幕，我很心疼。

我既心疼孩子，也心疼母亲。如果这位母亲懂得情绪管理，她一定不会大吼自己的女儿。

胡明瑜老师说，我们之所以会吼骂自己的小孩，或许是因为在我们小时候，我们的父母也是这样对待我们的。

一次打骂、拒绝或忽略，没有被父母正视，没有被治愈，从而成了孩子的创伤，可能会使他们最终成长为受伤的"内在小孩"，缺乏安全感。

如果小时候缺乏安全感，内在小孩的表现必然是无助、无力和无能的，长大后，他可能会把这种"三无"又传递给自己的孩子，这就是原生家庭带给我们的极大影响。

如果我们的情绪长期不稳定，就会对孩子产生很大的影响。他们要么胆小、自卑、没有主见；要么学着妈妈处理情绪的样子，将自己的愤怒发泄给他人。

作为父母，在教育孩子之前，要先学会处理自己的情绪，情绪平和地处理问题才是成功教育的开始。

你是哪一种父母，决定了你会怎样面对情绪

这本书提到，每个人对情绪的认知和表现形式都是不一样的。

大部分父母可以分为以下 4 种类型。

第一种：交换型父母

这种类型的父母认为，负面情绪是有害的，他们不希望孩子停留在这种状态中。所以每当孩子哭闹或者发脾气时，父母就会第一时间想办法转移孩子的注意力，这可能导致孩子的最终诉求没有得到满足。

第二种：冷漠型父母

这种类型的父母在面对孩子的负面情绪时，既不肯定也不否定，他们会让孩子自己上一边儿待着。孩子因为没有受到父母的积极引导，很可能任由情绪发展而做出不良反应。

第三种：说教型父母

这种类型的父母很普遍，他们认为只要孩子明白道理，负面情绪就会自动消失，所以他们非常喜欢给孩子讲一堆大道理。

第四种：惩罚型父母

这种类型的父母多用斥责、打骂的方式去管理和处理孩子的负面情绪或行为。他们往往认为如果不用这种方式惩罚孩子，就会失去对孩子的控制，会助长孩子的不良习惯。

以上4种类型的父母，都有一个共同的问题，那就是不懂得正确的情绪表达方法。

胡明瑜老师在书中向我们分享了正确的情绪表达方法。

1. 给孩子一个轻松的家庭环境

作为父母，我们要做的就是尽量不要把工作中的情绪带回家，给孩子营造一个良好的家庭氛围。

2. 多用"我"表达情绪

如果你正处在盛怒中，请先告诉孩子："我现在非常生气，需要冷静一下，请远离我。"正确表达当下的情绪感受，不唠叨、不抱怨。

为了避免指责和评判，表达时多用"我"开头，而不是"你"开头。比如将"你太不听话了"改为"我很生气"，还可以向孩子表示歉意，如"我今天很累，心情不好，冲你发火了，请你原谅"。

3. 用具体的词语描述情绪

在描述自己情绪的时候，尝试着不用"好""坏"这种评价型的词语，而应该直接使用跟情绪相关的词语，比如开心、伤心、生气、郁闷等，最好还能够说出产生这些情绪的原因，使孩子对自己的情绪有一个清晰的认知，从而避免孩子受伤。

三步走，平息情绪"小火山"

胡明瑜老师在本书中还提到，我们每个人都有一座情绪"小火山"，它在"沉睡"的时候，和我们和平相处；它在爆发的时候，就会将身边的人伤害得体无完肤。

想起几天前的那个下午，我至今依然会觉得揪心。

那天，我看到女儿做作业时趴在凳子上，一动不动。我以为她又在偷懒，便再三提醒她记得写英语视频作业。

当我正准备去斥责她时，我觉察到内心的情绪"小火山"要爆发了。

我突然想到《掌控情绪：别让坏脾气毁了你一生》里讲的三步法，于是立马转身，去了卧室，躺在床上深呼吸，反复几次从 10 倒数到 1，渐渐地平静了下来。

10 分钟后，我走到女儿身边，轻声问她："刚刚没有听到妈妈的话吗？为什么不及时写作业呢？"

她一脸痛苦地说："妈妈，刚刚我太不舒服了，我去厕所吐过后，现在舒服多了。"

那一瞬间，我多么感谢自己读了那本书。如果没有书里的提醒，我说不定又是一顿劈头盖脸的呵斥。

平息情绪"小火山"的 3 个步骤如下。

第一步：停止即将做出的任何行为，给自己一个真空期，平息怒火；马上离开那个场景，从 10 倒数到 1，一次不行就多重复几次。

第二步：觉察自我，让自己独处，这个过程中可以记录或者冥想。

第三步：及时沟通，清晰表达感受；就事论事，不唠叨和抱怨。

通过不断地练习平息情绪"小火山"的三步法，我现在已经能够很好地控制自己的情绪，女儿也和我亲近了很多，还经常主动亲吻我，对我说："妈妈，你变好了，我爱你。"

有句话说得特别好："爱的表达方式比爱本身更重要。"

我们如果能很好地面对和处理情绪，这将是我们作为榜样给予孩子一生的礼物。